EXPOSITION UNIVERSELLE DE VIENNE
EN 1873.

SECTION FRANÇAISE.

RAPPORT

SUR

L'INDUSTRIE DU CUIR ET DU CAOUTCHOUC,

PAR

M. CHARLES SOYER,

MEMBRE DU JURY INTERNATIONAL.

PARIS.
IMPRIMERIE NATIONALE.

M DCCC LXXV.

EXPOSITION UNIVERSELLE DE VIENNE

EN 1873.

SECTION FRANÇAISE.

RAPPORT

SUR

L'INDUSTRIE DU CUIR ET DU CAOUTCHOUC,

PAR

M. CHARLES SOYER,

MEMBRE DU JURY INTERNATIONAL.

PARIS.

IMPRIMERIE NATIONALE.

M DCCC LXXV.

INDUSTRIE
DU CUIR ET DU CAOUTCHOUC.

L'importance du groupe VI a été considérable à l'Exposition de Vienne en 1873, où le Jury a pu examiner les produits de près de deux mille exposants.

Ces produits, spécimens les plus divers de la fabrication de tous les pays, nous ont permis de constater les progrès obtenus depuis l'Exposition de Paris en 1867.

Ce groupe se divisait en quatre sections :

A. Cuirs.

B. Pelleteries et fourrures.

C. Caoutchouc et gutta-percha.

D. Matériel et procédés employés dans la fabrication des objets ci-dessus.

CUIRS.

La France n'était représentée au groupe VI que par un très-petit nombre de ses fabricants : cinquante-quatre exposants en tout pour les quatre sections.

L'industrie des cuirs, dont la fabrication est si importante dans notre pays ne comptait que quarante-cinq exposants.

A ce sujet, je veux une fois de plus rectifier une erreur que je n'ai pu dissiper à Vienne, puisqu'elle est reproduite au Rapport officiel et dans le travail de mes collègues d'Allemagne et de Belgique, qui tous affirment que, si nous étions en si petit nombre, c'est que la France avait organisé un jury d'admission, qui, contrairement aux autres pays, refusait tous les produits qui n'étaient pas de premier ordre. Ici, comme partout ailleurs, nous avions un jury qui a présidé aux travaux d'organisation de l'Exposition de Vienne; il était composé de membres de la Chambre du commerce de Paris, et n'a eu aucune demande d'admission à refuser pour le groupe VI. Ces demandes étaient si peu nombreuses, que la galerie réservée aux cuirs n'a pu être remplie, et que deux de ses vitrines sont restées vides faute d'exposants. Ce qui prouve mieux encore qu'il n'y a pas eu de choix dans les admissions, c'est que, sans diminuer le mérite et l'importance de nos exposants, nous avons eu à regretter, dans nos différentes spécialités, l'absence de plusieurs de nos premiers fabricants, dont les produits sont très-appréciés à l'étranger. Leur tort a été d'autant plus grand qu'ils auraient, eux aussi, contribué à soutenir dignement l'importance commerciale de la France.

Seul pour représenter les intérêts des cinquante-quatre exposants français des quatre sections du groupe VI, je me suis particulièrement occupé de la section des cuirs, de beaucoup la plus importante (quarante-cinq exposants), et qui était tout spécialement de ma compétence.

Le Rapport officiel débute par déclarer que le Jury, dans son appréciation des cuirs exposés, n'a point entendu les juger comparativement, mais seulement par nationalité, et en tenant compte de l'importance industrielle de chaque pays et de ses moyens de fabrication.

La France n'avait rien à redouter à ce qu'il en fût autrement.

Je suivrai le Rapport dans son ordre d'examen, qu'il fixe ainsi :

1° Cuirs pour semelles.
2° Cuirs pour empeignes et sellerie.
3° Cuirs vernis.
4° Maroquins et peaux de couleur.
5° Cuirs alunés et chamois mégissés.

Je suivrai aussi l'ordre des travaux du Jury, qui a commencé par l'examen des produits d'Amérique pour finir par ceux de la Russie.

CUIRS POUR SEMELLES.

C'est avec raison que le Rapport officiel dit que les qualités que doit posséder tout bon cuir à semelles sont très-connues, et ont été si bien indiquées dans les rapports des précédentes Expositions, qu'il est inutile d'y revenir.

L'Amérique a exposé des cuirs à semelles tannés, partie à l'écorce de chêne pure, partie à l'hemlock (sapin du Canada), puis partie au tannage mélangé, chêne et hemlock.

Dans ce pays, les cuirs de l'abat des villes sont généralement tannés à l'écorce de chêne; ils sont de belle apparence et de bonne qualité, tout en manquant un peu de fermeté, tandis que les peaux venant du Texas sont tannées à l'hemlock, ce qui leur donne une couleur brune un peu rougeâtre, avec moins de fermeté encore.

La maison Antony F. Bær et Cie, de Baltimore (Maryland), nous a présenté des cuirs à semelles de très-bonne qualité, tannés à l'écorce de chêne; le représentant américain nous a déclaré que ces cuirs avaient été tannés en huit mois : c'est ce que j'ai vu de mieux comme bon tannage, assez serré et de belle couleur.

Les autres exposants de cuirs pour semelles tannés à l'écorce de chêne sont MM. Conrad, Fabel et Mooney, de Louisville (Kentucky), MM. Franz et Son, du même pays, dont les cuirs sont aussi d'un bon tannage.

MM. Buckley, Lockwood et Cie, de New-York, avaient, au tannage combiné chêne et hemlock, des cuirs très-réussis et bien tannés. Mon appréciation est à peu près la même que pour les produits des autres exposants de New-York.

MM. Upton, Franklin et Cie, de Boston, avaient exposé des cui s crouponnés pour semelles qui, d'après leur dire, avaient été tannés en soixante jours par un nouveau procédé, que je crois être une imitation du système Knoderer, système bien connu en France et peu employé maintenant. Ces cuirs tannés au chêne-hemlock n'étaient pas réussis, et le Rapport officiel a pu dire avec raison : «Nous n'avons pas été enthousiasmés de la qualité de ces cuirs.»

Plusieurs fabricants avaient exposé des cuirs pour semelles tannés à l'hemlock seul. MM. Bush et Howard, à Buffalo (New-York), méritent d'être cités au premier rang, tant pour leur importance commerciale que pour leur bonne fabrication. Les peaux exposées par ces messieurs étaient ce qu'il y avait de mieux en cuirs à semelles tannés à l'hemlock.

Je dois constater qu'en Amérique la fabrication des cuirs pour semelles a fait de grands progrès: c'est ce qui explique que, dans ces dernières années, elle a conquis une place de plus en plus importante sur les marchés du continent; bien que ces cuirs laissent encore beaucoup à désirer, leur bon marché relatif leur assure de grands débouchés.

Le Rapport officiel dit :

«L'Américain tanne son cuir dans un temps beaucoup plus court que l'Allemand, et ce fait seul renferme un avertissement pour la plus grande partie des tanneurs du continent.»

La supériorité des cuirs français pour semelles, que j'aurai bientôt à constater, nous permet d'envisager cette concurrence avec plus de tranquillité; j'engage cependant nos fabricants à tenir compte de l'avis de notre rapporteur.

L'Angleterre, comme la France, n'avait que peu d'exposants pour la spécialité des cuirs pour semelles, et je dois dire que le peu qui nous a été présenté était généralement beau, d'un très-bon tannage, et la coupe serrée sans trop de dureté. Ces cuirs n'étaient pas tannés à l'écorce de chêne pure, mais avec un mélange de différents tannins.

Nous savons tous que les fabricants anglais ont l'habitude de crouponner leur cuir avant le tannage, les gros cuirs surtout, dits cuirs pour semelles; ils y trouvent l'avantage de réaliser plus promptement les ventres et la tête, deux parties qui représentent environ le tiers du cuir entier, valeur brute, et qui se tannent plus vite et plus économiquement.

Ce n'est pas l'usage en France, où nos bons fabricants arrivent à si bien tanner ces extrémités, que la fermeté de ces parties ne dépare pas l'ensemble de leurs cuirs. Malgré tout, je crois que les Anglais, en gens pratiques, y trouvent économie de temps dans la fabrication et économie dans le prix de revient.

Je n'ai que deux exposants à citer : MM. Webb et Son, de Stowmarket; leurs cuirs pour semelles et pour courroies étaient d'un tannage parfait.

MM. P. S. Evans et Cie, tanneurs à Bristol, ont exposé des cuirs pour semelles de troupe et des cuirs pour pompes d'un tannage supérieur, et, par curiosité, une peau d'hippopotame parfaitement tannée en trois ans.

Canada. M. Müller, le seul exposant de ce pays, nous a fait présenter deux croupons de cuirs pour semelles et un morceau de peau de morse (cheval marin) d'un tannage et d'une qualité supérieurs, tannés dans un extrait d'écorce d'hemlock.

Des échantillons de cet extrait, connu dans le commerce sous le nom d'extrait Müller, étaient exposés; malheureusement, nous n'avons pu obtenir de renseignements précis sur les prix et les propriétés de ce procédé de tannage.

Il nous a été affirmé que ce jus concentré était un agent très-fort et par le fait très-prompt; mais je n'ai pu me procurer aucun renseignement sérieux, et cependant les cuirs exposés méritent attention.

Colonies britanniques. MM. E. Wilson et Heathcote, tanneurs à Canterbury, ont exposé une collection de différents échantillons de cuirs pour semelles et harnais, veaux en croûte, peaux de kanguroo et de porc, moutons blancs mégissés, et moutons avec la laine coloriée. Tout le tannage de cette fabrication se fait avec l'écorce du mimosa ou acacia.

Les produits en sont rouges de couleur, mais le travail est bien, et les cuirs pour semelles sont de bonne qualité.

L'écorce exposée par cette maison, et qui s'exporte beaucoup en Angleterre, paraît très-riche en tannin; son poids est considérable.

Les cuirs pour semelles et autres sortes, tannés à l'écorce du magnolia, sont exposés par quelques maisons d'Australie et du Vénézuéla; le tannage est bon, un peu ouvert cependant.

La maison Michaelis Hallenstein et Cie, à Melbourne, avait exposé de bons cuirs pour semelles, d'assez beaux cuirs pour sellerie, le tout tanné avec l'écorce du magnolier.

Indes britanniques. Quelques exposants dont les produits n'avaient rien de remarquable.

Section française. La France n'avait que huit exposants de cuirs forts et vaches pour semelles. Ce petit nombre, remarquable cependant, nous a fait regretter l'absence de nos bons fabricants de Givet, Dreux, Château-Renault et d'autres pays encore. Il a suffi pour faire apprécier la supériorité de nos produits, supériorité reconnue par tous les jurés et constatée dans différents mémoires sur l'Exposition de Vienne.

Le Rapport officiel s'exprime ainsi : « La méthode de fabrication des cuirs et vaches pour semelles est à peu près la même pour toute la France, et les produits exposés présentent si peu de différence entre eux, que nous devons nous borner à constater que leur tannage est tout à fait supérieur, ferme et élastique, à pores fermés, d'un bel apprêt, et que ces cuirs, très-bien battus, ne laissent rien à désirer. »

Les magnifiques produits exposés par MM. Gallien, Peltereau et Alégatière faisaient l'admiration de tous les visiteurs : ils ont surtout déterminé l'opinion du Jury, qui leur a décerné à chacun une médaille de progrès, et a motivé les termes si élogieux du Rapport.

Les cuirs pour semelles, de M. Alégatière, tannés partie au bois de châtaignier, partie à l'écorce de chêne, ont beaucoup intéressé mes collègues du Jury, qui ont voulu entendre ce fabricant en section réunie, et lui ont fait subir un long interrogatoire, où il a parfaitement développé tout son système de tannage, beaucoup modifié et amélioré depuis notre Exposition de 1867.

Le rapporteur, dans un article trop long à reproduire ici, constate les progrès réalisés par ce fabricant dans les termes les plus flatteurs.

Les cuirs des autres fabricants, MM. Bizouard-Grosbois, à Semur (diplôme de mérite); Bossière, à Honfleur (médaille de mérite); J. Lefebvre, à Saint-Saëns (diplôme de mérite); Pichenot frères, à Saulnier (diplôme de mérite); Picot et Blondin, à la Suze (médaille de mérite), ont été aussi fort appréciés.

Belgique. La fabrication des cuirs pour semelles est très-importante en Belgique; de bons produits étaient exposés. Nous citerons au premier rang les cuirs forts pour semelles (cuirs Buenos-Ayres) de M. E. Piret-Pauchet, de Namur, dont le tannage était parfait; M. V. Cherquefosse, à Tournay, avait de bons cuirs forts, et surtout de très-bonnes et de très-belles vaches lissées.

La Société anonyme de Quatrecht, à Gand, a exposé des cuirs pour semelles, cuirs pour sellerie et autres articles dont nous nous occuperons en leur temps; le tout fabriqué par un nouveau procédé de tannage accéléré, sur lequel il ne nous a été fourni aucun renseignement, nous l'avons regretté. Le Jury a été d'accord pour reconnaître que les cuirs et vaches pour semelles étaient bien tannés et de bonne qualité.

En somme, tout en ayant une grande ressemblance avec les cuirs français, il a été reconnu cependant que les cuirs belges ne pouvaient rivaliser avec les produits de nos bonnes fabriques.

Italie. Les cuirs pour semelles exposés sont généralement de bonne qualité et tannés au chêne, à la vallonée, au chêne-liége, au pin de Smyrne, et partie au mélange de chêne et de vallonée.

Le travail pour le tannage ordinaire est le même qu'en Suisse, en Belgique et en France, et le Rapport officiel dit :

« Les cuirs en Italie sont, en moyenne, bien tannés; seulement ils manquent de l'apprêt si beau et si soigné qui distingue les cuirs français. »

La maison Fratelli Durio, à Valdono, près Turin, a exposé de bons cuirs forts pour semelles, bien battus et d'un tannage serré; les vaches lissées sont aussi bien tannées, et le lissage est ferme et bien fait; en somme, bonne fabrication au chêne et à la vallonée.

M. Sianesi Giovanni, à Lodi, avait de bons cuirs pour semelles, tannés à la vallonée, et des vaches lissées d'une bonne fabrication, à l'écorce de chêne.

Les cuirs pour semelles de M. Giannantoni Tomasso, à Ostiglia (Mantua), tannés en douze, quinze et dix-huit mois, étaient très-beaux et très-fermes. Le cuir tanné en dix-huit mois l'était à la vallonée pure, et avait l'aspect des meilleurs cuirs tannés à l'écorce de chêne. Beaucoup d'autres fabricants de Turin, Percia, Messine, Reggio, Varese, Venise, Vérone, etc., avaient aussi exposé de bons produits au tannage ordinaire.

Huit maisons représentaient différentes méthodes de tannage accéléré; nous avons surtout remarqué les cuirs forts pour semelles de M. Norsa d'Isaia, à Mantoue, indiqués comme tannés en cent et cent vingt jours. Si ce renseignement est exact, et nous n'en pouvons douter, c'est un très-beau résultat, car ces cuirs sont très-bien tannés, de couleur uniforme, la coupe serrée, très-égale et de nuance pure. Malheureusement, il n'a pas été possible d'obtenir de renseignements sur ce mode de tannage, qui prouverait que l'on peut faire de bons cuirs en beaucoup moins de temps que par le travail ordinaire.

Venaient ensuite MM. Ravenna Lusino et Angelo Fratelli, dont les cuirs forts pour semelles étaient indiqués comme tannés en quatre-vingt-dix jours, mais sans renseignements plus précis. Ces cuirs sont tannés, mais leur qualité laisse à désirer.

M. Baluffi Nicolo, à Chieravella (Ancône), avait un côté de vache lissée tannée en vingt-cinq jours, avec attestation de l'autorité locale jointe à cette peau pour constatation de vingt-cinq jours de tannage.

Nous avons regretté que de plus amples renseignements sur les procédés de fabrication de cette maison ne nous aient pas été fournis; mais nous avons reconnu la bonne fabrication de cette demi-peau qui était complétement tannée; la coupe régulière n'était pas boursouflée comme cela arrive souvent par le tannage précipité. Toutes ces qualités m'ont fait regretter de ne pouvoir me renseigner.

Les autres fabricants qui avaient exposé des cuirs pour semelles promptement tannés n'ont pas non plus fourni de renseignements sur leurs procédés; leurs cuirs, bien que moins réussis et moins tannés, témoignaient cependant d'un bon travail susceptible de s'améliorer.

M. Cattaneo Francesco, à Codagno (Milan), avait exposé des cuirs pour semelles, pour courroies de transmission, des veaux pour empeignes, tannés à la vallonée et imprégnés d'une lotion de caoutchouc, ce qui doit être convenable pour les chaussures de chasse; mais il est difficile de porter un jugement sur ce genre de fabrication.

En somme, aucun pays n'a fait autant de tentatives que l'Italie pour abréger la durée du tannage; il est à désirer maintenant que ces essais, en partie réussis, se confirment en passant dans la pratique, et notre rapporteur a pu dire avec raison : « Aucun des exposants italiens ne nous ayant dit s'il employait ce procédé dans une mesure notable, ni depuis combien de temps, on nous pardonnera aisément de ne considérer leurs cuirs exposés que comme des essais de leur nouvelle méthode de tannage accéléré. »

Suisse. La Suisse n'était représentée à l'Exposition de Vienne que par un petit nombre de fabricants de cuirs; nous avons été étonnés de l'absence de ses meilleurs produits de toutes spécialités.

Les cuirs forts pour semelles de ce pays jouissent d'une ancienne réputation bien méritée encore aujourd'hui; ils sont bien tannés et de bonne couleur, un peu durs cependant. C'est, du reste, à peu près le même travail que les cuirs français et belges.

Les meilleurs produits exposés étaient les gros cuirs pour semelles de MM. Fried, Kappeler, de Frauenfeld; J. J. Punter, de Ulrik ou Judrich; U. Eggmann, de Zolbruck (Berne); J. Piery, de Zurich.

Les deux côtés de cuir de ce dernier étaient bien tannés, mais un peu rouges.

Empire d'Allemagne. La fabrication des cuirs pour semelles est restée stationnaire en Allemagne; nous l'avons retrouvée à Vienne ce qu'elle était à Paris en 1867. Les nombreux produits exposés, même ceux des grandes fabriques de Trèves, qui jouissent d'une certaine faveur en Allemagne, étaient cassants, la coupe rugueuse et de mauvaise couleur; tous ces défauts doivent être attribués à la trop grande quantité d'acide employée au début de la fabrication.

Le Jury a été unanime pour constater que ce pays n'avait fait aucun progrès, et s'est associé aux termes du Rapport officiel, qui commence ainsi :

« Les produits allemands des tanneries de cuir pour semelles, nous l'avouons avec regret, n'ont pas, en général, été trouvés par nous égaux en qualité à ceux des autres pays, tels que l'Angleterre, la France, la Suisse et la Belgique; »

Et qui se termine ainsi :

« A notre grand regret, nous n'avons pas trouvé en Allemagne de tentative de méthode de tannage accéléré ou autres procédés de fabrication pour les cuirs à semelles, comme nous l'avons vu en France, en Belgique et en Italie; du moins ne nous en a-t-on pas fait part. »

Je n'ai rien à ajouter aux termes du Rapport officiel, qui reproduisent si justement mon opinion personnelle et celle de presque tous mes collègues du Jury.

Une seule exception a été faite en faveur des cuirs pour semelles du pays et étrangers exposés par MM. G. F. Herrenschmidt et fils, de Strasbourg, dont le Rapport officiel dit avec toute justice : « La vieille réputation de cette maison s'est de nouveau affirmée, les cuirs exposés étant, sans conteste, à citer comme les plus beaux et les meilleurs des cuirs allemands pour semelles, et pouvant rivaliser avec toute autre fabrique. »

Je n'ai malheureusement pas pu compter cet excellent fabricant au nombre de nos exposants, mais nous avons tous le droit de nous enorgueillir de la justice qui a été rendue à sa fabrication toute française, et le diplôme d'honneur qui lui a été accordé peut s'ajouter aux nombreuses récompenses obtenues par notre pays.

En Allemagne, comme en France, beaucoup de grandes fabriques de cuirs forts s'occupent aussi des vaches lissées pour semelles, et je dois dire que cet article est mieux fabriqué : le tannage en est bon, la couleur et la fermeté sont convenables; fermeté augmentée par les cylindres en usage dans beaucoup de fabriques pour le lissage des vaches pour semelles.

Autriche. La matière courante pour le tannage des cuirs pour semelles en Autriche est toujours la vallonée et le knoppern, qui se trouve en grande abondance en Hongrie et qui naît sur la cupule du gland du chêne ordinaire.

Ce sont, je crois, ces différents ingrédients qui contribuent à rendre les cuirs de ce pays durs, cassants, avec couleur gris verdâtre, ce qui leur donne malheureusement une grande ressemblance avec les cuirs allemands.

L'Autriche et la Hongrie sont riches en écorce de chêne; son emploi pour le tannage augmente dans ces deux pays.

La maison Franz Schmidt, de Krems, avait seule exposé des cuirs forts, tannés à l'écorce de chêne pure; le Jury a été unanime pour en constater la qualité et les classer au nombre des meilleurs de l'Exposition. Il nous a été assuré que M. Franz Schmidt avait le mérite d'avoir introduit en Hongrie l'écorçage des chênes et d'avoir créé dans ce pays le commerce des écorces, commerce d'exportation considérable, avec l'Allemagne surtout.

MM. Jos. Pœschl et fils, de Rohrbach, près Linz, avaient exposé, suivant la méthode anglaise, des croupons de cuirs pour semelles et courroies de transmission, parfaitement tannés avec un mélange d'écorce de chêne et de vallonée, qui donnait le meilleur aspect à ces cuirs. Comme mes collègues, j'ai pensé que cette fabrication était le résultat d'un procédé de tannage autre que celui employé ordinairement par leurs confrères; mais, comme aucune communication n'a été faite au Jury, nous n'avons pu qu'apprécier les produits, qui sont excellents.

Je reviendrai à l'exposition de cet intelligent fabricant, pour examiner sa belle collection de cuirs pour sellerie.

Hongrie. Pour le tannage des cuirs et vaches pour semelles, les fabricants hongrois se servent des mêmes ingrédients et suivent les mêmes principes de fabrication que leurs confrères d'Autriche, ce qui explique la ressemblance de leurs produits.

La Société hongroise de Pesth a exposé de très-bons cuirs battus et non battus, tannés à la vallonée et d'un tannage lourd, plombant; le poids qui m'a été annoncé comme rapport m'a paru extraordinaire.

M. J. Marko, à Rosenau, et la Société pour la fabrication des cuirs d'Agram, deux maisons très-importantes, avaient aussi de bons cuirs au tannage ordinaire du pays.

Comme en Autriche, un seul fabricant, MM. Adol Schmidt et Cie, à Bossan, avaient exposé des cuirs pour semelles parfaitement tannés à l'écorce de chêne. Ces cuirs étaient beaux de couleur, d'une bonne coupe serrée, sans être dure.

Russie. L'exposition russe pour la spécialité des cuirs pour semelles laissait beaucoup à désirer, et je partage bien l'opinion de notre rapporteur qui dit : « Nous avons peine à croire que l'on ne puisse fabriquer en Russie des cuirs pour semelles mieux tannés; nous admettons plutôt que les premières fabriques de cette industrie n'étaient point représentées à l'Exposition, car la Russie, ainsi que nous avons pu nous en assurer, fournit dans d'autres sortes de cuirs des qualités supérieures. »

Les cuirs exposés par M. Stanislas Pleiffer, de Varsovie, faisaient exception; ils étaient convenablement tannés et de bonne qualité.

Le Danemark, la Suède et la Norwége étaient représentés par quelques bons fabricants de cuirs pour semelles : je citerai MM. H.-J. Bahin, de Copenhague, Klemm Hausseng, à Fleckford (Norwége).

MM. Heinrichson, à Swendborg (Danemark), F.-A. Colliander, à Gottembourg (Suède), A.-W. Lunden, à Stockholm, avaient exposé des cuirs d'apparence un peu allemande, mais plus liants et moins cassants.

Grèce. Les fabriques de ce pays ne sont pas sans importance; celles de Syra surtout occupent un grand nombre d'ouvriers et se servent de la vapeur comme force motrice. Les cuirs y sont tannés partie au chêne et à la vallonée, partie au pin de Smyrne.

Les produits de MM. Kourkoutaki, de Syra, ont été reconnus comme les meilleurs.

Turquie. La fabrique impériale de Constantinople avait exposé des échantillons de cuirs pour semelles travaillés à la française, qui étaient de bonne qualité et qui témoignent que la fabrication de cet article est en voie de progrès dans ce pays.

Les produits de M. Périclès Vouros, de Constantinople, sont aussi très-dignes d'attention.

Le Gouvernement égyptien avait envoyé quelques spécimens de cuirs pour semelles d'une assez bonne fabrication.

Je n'en puis dire autant des cuirs venus de Tunis et de Perse qui, ne présentaient aucun intérêt.

Somme toute, en jetant un regard rétrospectif sur les cuirs à semelles exposés, je suis forcé de reconnaître que le tannage et les procédés de fabrication employés sont à peu près les mêmes dans les différents pays, et qu'à l'exception de quelques rares essais en vue d'abréger la durée du tannage, la plus grande partie des fabricants tannent excessivement longuement; et, comme moi, presque tous les membres du Jury ont constaté la supériorité des produits de ce système de fabrication.

CUIRS POUR SELLERIE ET COURROIES DE MACHINES, VACHE POUR EMPEIGNES, VEAU ET TIGES EN VEAU, CHEVAL POUR EMPEIGNES ET TIGES EN CHEVAL.

Le nombre des exposants de ces sortes de cuirs est si considérable, qu'il est impossible de s'occuper spécialement des produits de chacun d'eux. Je me bornerai à en apprécier la fabrication en général, et je mentionnerai seulement les produits les plus remarquables.

États-Unis d'Amérique. MM. Ford et Schutz, à Saint-Louis. Cuirs noirs pour sellerie tannés par un nouveau procédé au chêne en quinze jours; ces cuirs sont peu tannés, très-creux, en somme d'assez médiocre qualité.

Wisconsin Leather Company. Cuirs noirs pour sellerie, tannés à l'hemlock en deux mois, de meilleure qualité que les précédents, mais laissant beaucoup à désirer, pour la fermeté surtout.

Cette maison avait exposé de très-belles croûtes corroyées et cirées, et une vachette cirée sur chair, très-convenables pour chaussures. Ces deux articles ont été fort appréciés.

Thomas Schorr (Nouvelle-Orléans) avait exposé un produit curieux, des peaux d'alligators tannées au chêne, corroyées partie en noir pour chaussures et partie pour objets de fantaisie. Ces peaux, très-souples, n'avaient qu'un défaut, c'est que le fini laissait à désirer.

Les cuirs pour courroies de machines, exposés par trois fabricants américains, laissaient beaucoup à désirer; ils manquaient de tannage et de fermeté.

Angleterre. La fabrication des cuirs pour sellerie, si importante dans ce pays, n'était pas représentée à Vienne; tous, nous en avons été surpris.

MM. Web et fils ont une spécialité de cuirs pour courroies; les croupons de bœufs exposés sont d'un parfait tannage; leurs courroies finies, cousues ou rivées, sont d'une très-bonne fabrication. Pour cette spécialité, cette maison était seule digne d'être remarquée.

France. La France avait aussi peu d'exposants en cuirs pour sellerie, mais elle y était très-honorablement représentée par MM. Couillard et Vitet, de Pont-Audemer (médaille de progrès), et Fortier-Beaulieu, de Paris (médaille de progrès). Les premiers y ont très-dignement soutenu l'ancienne et grande réputation de leur prédécesseur, M. Plummer, qui a toujours rivalisé avantageusement avec nos confrères d'Angleterre pour le tannage et le beau fini de ses cuirs noirs et jaunes.

Les cuirs jaunes et les peaux de porc de M. Fortier-Beaulieu ont été très-remarqués, surtout ses peaux de porc naturelles pour siége de selle, et de couleurs pour ameublement. Ce dernier article surtout a fait impression sur le Jury.

La France n'avait que peu d'exposants de cuirs pour courroies et cardes. Les croupons exposés par M. Paillard (médaille de progrès) étaient d'un tannage remarquable, et ont été fort appréciés par le Jury, ainsi que ses magnifiques veaux pour couvertures de cylindres, sur lesquels je reviendrai.

MM. Scellos et Cie (médaille de progrès), la maison la plus importante de cette spécialité, avait exposé, dans la galerie des machines, des courroies de tous genres qui soutenaient avantageusement la comparaison avec toutes celles exposées, tant par leur tannage, fait spécialement par cette maison elle-même, que par leurs différents systèmes de fabrication de courroies.

CUIRS REFENDUS.

Dans presque tous les pays, les fabriques importantes de peaux vernies à grains pour carrosserie et chaussures refendent elles-mêmes leurs peaux.

En France et en Angleterre, cependant, quelques bons tanneurs ont monté des machines à refendre, et se sont fait une spécialité des fleurs et des croûtes, qu'ils vendent au sortir de la fosse.

MM. Cauvin et Varin-Colignon (médaille de mérite) avaient envoyé des peaux de bœuf parfaitement refendues. Le tannage des fleurs et des croûtes a été fort apprécié; malheureusement, ces marchandises, mouillées en route, sont arrivées à Vienne en très-mauvais état.

MM. Picot et Blondin (médaille de mérite), avec leurs cuirs à semelles tannés à la Suze, avaient, de leur établissement de Paris, des peaux de bœuf refendues et des croûtes d'un bon tannage.

Belgique. En Belgique, je n'ai remarqué qu'une seule exposition de cuirs pour sellerie, la Société anonyme de Quatrecht, à Gand, dont les cuirs noirs et jaunes naturels étaient bien fabriqués et tannés par un procédé accéléré. Sans renseignements sur ce procédé, il ne nous a pas été possible de l'apprécier; nous n'avons donc fait qu'en constater le bon résultat.

Six fabricants de cuirs pour courroies et cardes en Belgique ont exposé des produits bien tannés et bien finis, sans qu'il y ait rien de remarquable à citer.

Suisse. La Suisse n'avait rien envoyé en cuirs pour sellerie et pour courroies.

Italie. Rien de remarquable non plus en cuirs pour sellerie et courroies parmi les six exposants de ces deux spécialités.

Espagne. Les fabricants espagnols s'étaient abstenus pour ces deux spécialités, cuirs pour sellerie et courroies.

Portugal. La maison Hancas, José et Cie avait exposé des cuirs pour courroies d'un bon tannage, et un cuir aluné, hongroyé, d'un très-beau travail, propre et d'une fermeté très-convenable pour courroies.

Empire d'Allemagne. Plus de quarante fabricants allemands avaient exposé des cuirs pour sellerie et pour courroies de transmission. Dans ce nombre, l'exposition collective des tanneurs et corroyeurs de Muhlheim sur le Rhin comptait pour près de moitié.

Les cuirs noirs pour harnais, vaches grasses pour carrosserie et les cuirs pour courroies de machines sont des spécialités d'une fabrication très-importante dans ce pays, qui fournit à la plus grande partie de la consommation allemande et autrichienne.

Bien que supérieure à presque tous les autres exposants de l'empire, la fabrication de Muhlheim laisse beaucoup à désirer; le tannage y est généralement creux, ouvert, et les cuirs finis s'en ressentent et sont trop mous. Quelques fabricants cependant font exception : la maison Rheinische Maschinenleder et Cie; MM. H. Copienne et Hing (Karl), de Muhlheim; J. F. Schlager, à Reutlingen; G. F. Herrenschmidt et fils, de Strasbourg, dont j'aurai encore l'occasion de constater la supériorité, et enfin la Société par actions pour la fabrication des cuirs à Munich (ancienne maison Ignace Mayer), dont l'un des directeurs, M. Ed. Kester, était membre du Jury et rapporteur de notre groupe.

Cette maison avait une exposition très-réussie, dont les produits ont été fort appréciés. Leurs cuirs noirs et jaunes, couleurs naturelles surtout, étaient très-remarquables comme tannage et fini; je n'ai rien vu de mieux à l'Exposition. J'ai eu la satisfaction de visiter cette fabrique, l'une des mieux agencées que je connaisse, où tout est réglé avec infiniment de soins et d'économie. Leur système de fabrication pour les cuirs à sellerie m'a paru différer absolument de ceux employés en Allemagne et se rapprocher du système anglais.

Bien que tannés à la flotte et assez promptement, leurs cuirs pour sellerie noirs et jaunes sont très-souples, sans être creux.

Beaucoup de fabricants de cuirs pour courroies en Allemagne. Parmi eux, quelques-uns avaient exposé de bons cuirs; je citerai, entre autres, M. Rulland, à Bonn, qui avait les plus beaux cuirs à courroies de l'exposition allemande.

Autriche. L'Autriche n'était que peu représentée pour les cuirs à sellerie. MM. Jos. Poesch et fils, à Rohrbach, près Linz, méritent d'être cités pour la bonne fabrication de leurs cuirs noirs pour harnais, et jaunes pour étrivières, guides et brides.

Les frères Schmitt, de Krems, avaient aussi de bons cuirs noirs pour harnais, d'un tannage un peu ouvert cependant.

M. Léopold Haut, de Hæbersdorf, près Vienne, avait une exposition qui a attiré toute mon attention. Ses croupons pour courroies et manchons étaient d'un bon tannage et d'une bonne corroierie.

M. Gaspard Schmitt, de Vienne, avait aussi une très-belle exposition de cuirs pour courroies et veaux pour filatures. Ce fabricant ne fait, je crois, que la corroierie; mais son travail est parfait.

Hongrie. Les exposants de cuirs pour sellerie et pour courroies de machines étaient peu nombreux en Hongrie, et n'offraient rien de remarquable, si ce n'est MM. Ad. Schmitt et Cie, de Bossau, que j'ai déjà cités pour leur bonne fabrication de cuirs forts, lesquels avaient de beaux cuirs noirs et jaunes et de très-bons croupons pour courroies, dont la corroierie et le tannage ne laissaient rien à désirer. Je n'ai pas fini avec ces intelligents fabricants, j'aurai à examiner leurs vaches quadrillées pour empeignes.

Russie. Une seule fabrique, la Société de la tannerie de Sconbrierka, gouvernement de Kherson, avait exposé des cuirs pour courroies d'un assez bon tannage. Je reviendrai à ce fabricant pour ses vaches pour empeignes.

Danemark. Un seul fabricant, M. Seligmann, de Veile, avait exposé des cuirs noirs bien tannés, mais mal corroyés.

Rien en Suède, en Norwége et dans les Pays-Bas.

Turquie. Quelques peaux pour sellerie exposées par la fabrique impériale de Constantinople, et par MM. Périclès Vouros, de la même ville. Ces cuirs sont assez bien fabriqués de corroierie et de tannerie.

Rien en Grèce, au Brésil et en Chine. Je reviendrai à ces trois pays pour leurs cuirs à empeignes.

VACHES, VEAUX ET CHEVAUX POUR EMPEIGNES.

Amérique. Deux exposants seulement de ces spécialités, MM. H. C. Ely et Sanger, de New-York, avaient exposé un croupon de vache noire, refendu pour empeignes, dont le grain, imitation de chèvre chagrinée, était très-réussi, mais de qualité tout ordinaire.

Wilconsin Leather Company avait des croupons de vache cirés sur chair, pour empeignes, de bonne qualité et surtout parfaitement refendus, travail obtenu par une nouvelle machine qui peut scier, nous a-t-on dit, 150 à 200 peaux par jour, mais sur laquelle nous n'avons pas eu de détails plus précis. Il avait aussi trois croûtes cirées pour chaussures qui étaient très-bien préparées.

Angleterre. Les fabricants de ce pays n'avaient rien envoyé en cuirs pour empeignes.

France. Bien que représentée par un très-petit nombre d'exposants, la France n'en a pas moins soutenu son ancienne réputation pour les veaux cirés et blancs.

Le Rapport officiel lui rend justice en ces termes :

« La France s'était, de tout temps, acquis une renommée notoire pour ses peaux de veau cirées et brunes, et elle a maintenu sa réputation. »

Et il ajoute :

« On ne peut que regretter qu'un plus grand nombre des fabricants les plus importants de cet article n'aient pas pris part à l'Exposition de Vienne. »

L'importance de la fabrication des veaux cirés est si considérable en France, que, plus que personne, j'ai regretté les nombreuses absences constatées au Rapport officiel. C'est surtout depuis une trentaine d'années que cette fabrication s'est beaucoup améliorée en France; dans ces derniers temps, sa supériorité est devenue tellement éclatante, qu'elle alimente de ses veaux cirés l'Amérique du Nord et du Sud, ainsi que l'Angleterre.

Cette faveur n'est due qu'à son bon tannage et à la perfection de son corroyage, qui font que les veaux de nos premières fabriques sont d'une très-grande souplesse, à surface plane, sans rugosités, ce qu'en terme du métier l'on appelle une peau rase et unie comme une glace.

Nos fabricants français sont tributaires de l'Allemagne pour leur matière première (veaux bruts); le transport de ces veaux, ajouté à la plus-value de la main-d'œuvre, que l'on peut estimer à 15 ou 20 p. 0/0, en augmente beaucoup le prix de revient, et cependant toute préférence leur est partout accordée. Cette préférence est si marquée, que, malgré leur prix élevé, la totalité de la production de nos grandes fabriques est toujours retenue longtemps à l'avance.

Les veaux de MM. Carrière-Dupont et Prévot (médaille de progrès), Gallien N. et Cie (médaille de progrès), François Bal et fils (médaille de mérite), Simon-Ulmo (diplôme de mérite), J. Ottenheim (diplôme de mérite), ont été appréciés comme tannage et fini.

Les veaux de l'abat de Paris de MM. Gallien et Cie surtout ont été très-remarqués. Il en a été de même des tiges et bottines de M. Ottenheim.

M. L. Le Saulnier (médaille de mérite) avait exposé des devants de chevaux parfaitement fabriqués de tannerie et de corroierie; l'exposition allemande n'avait rien de mieux.

Comme en 1867, pas un fabricant français n'avait exposé de tiges et avant-pieds coupés dans les culées de chevaux, articles si bien réussis en Allemagne, et qui méritent l'attention des hommes intelligents qui, chez nous, s'occupent de cette spécialité.

Algérie. L'Orphelinat de Misserghin (province d'Oran) avait exposé des échantillons de vaches et veaux pour empeignes très-bien tannés et corroyés. Ces échantillons, de 30 à 40 centimètres seulement, n'ont pas permis au Jury de se rendre bien compte de l'ensemble de la fabrication de cet établissement; malgré cela son appréciation a été favorable.

Belgique. Neuf fabricants avaient exposé des vaches et des veaux pour empeignes. Le premier article n'avait rien de remarquable, mais les veaux cirés étaient mieux, ceux surtout de MM. J. Lebermuth et Cie, de Bruxelles. Les chèvres pour chaussures exposées par ce fabricant méritent aussi toute attention; j'y reviendrai en temps.

Suisse. J'ai déjà, pour d'autres spécialités, fait remarquer le petit nombre d'exposants suisses, et je constate de nouveau que tous les membres du Jury ont regretté l'absence des produits de la fabrique de M. J.-J. Mercier, de Lausanne, dont les veaux cirés et blancs jouissent d'une réputation si méritée.

Trois exposants seulement, parmi lesquels M. Gritz-Amadous, de Soleure, dont les veaux blancs et cirés étaient de bonne fabrication ordinaire.

Italie. Un grand nombre de fabricants de ce pays, quinze ou seize, avaient exposé des veaux blancs et cirés, tous du même aspect, la fleur blanche, mais la peau très-sèche et trop ferme à la main. Le tannage est généralement bon; cette dureté ne doit être que le résultat du peu de nourriture dont sont chargés les veaux à la corroierie. Je crois que ce travail tout spécial doit être fait en vue de la température de ce pays, car il était le même pour les veaux exposés en 1867, à Paris.

La Società per la concia di pellame, à Reggio, MM. Del Serre Giacchino, à Florence, et Sachetti Severino, à Bologne, avaient les meilleurs produits. Ce dernier avait des veaux en blanc grenés et quadrillés, très-bien fabriqués, et qui ont été fort remarqués pour leur finesse et la régularité de leur grain.

L'Espagne n'était pas représentée pour cette spécialité.

Portugal. Un seul exposant, M. Henriques Agrard, de Lisbonne : un veau blanc de bonne fabrication.

Empire d'Allemagne. Dans ces spécialités, les exposants allemands étaient très-nombreux à Vienne, et je suis bien de l'avis du Rapport officiel quand il dit « qu'à côté de bons et beaux articles il s'en est trouvé un trop grand nombre que nous aurions préféré ne pas examiner. »

Je dois reconnaître cependant les progrès faits par les grandes fabriques allemandes dans le tannage et le fini des veaux cirés. Je dis avec intention les grandes fabriques allemandes, car je crois qu'elles seules, à de rares exceptions près, ont progressé, et que la masse est restée stationnaire.

Je citerai tout d'abord MM. G.-F. Herrenschmidt et fils, de Strasbourg, qui avaient exposé des croupons de vache pour empeignes et quartiers, des veaux cirés et blancs, des tiges et avant-pieds, le tout d'un tannage moelleux sans être creux, et dont le travail de corroierie et la nourriture ne laissaient rien à désirer.

M. Ch. Simon, à Barr, avait aussi de très-beaux veaux et des tiges et avant-pieds très-bien fabriqués sous tous les rapports.

MM. Cornélius Heyl, à Worms, Doerr et Reinhart, à Worms, la Société par actions de Worms, celle de Munich, Mayer Michel et Deninger, à Mayence, Gustave Muller, à Bensheim (Hesse), Carl Lœsch, à Eidingen (Bade), d'autres encore, avaient exposé de beaux produits qui ont été appréciés.

La fabrication des chevaux pour chaussures est d'une grande importance et l'une des spécialités des tanneurs et corroyeurs de l'Allemagne du Nord, qui fabriquent cet article d'une façon remarquable, les culées surtout, dont ils tirent un grand parti.

Les culées de chevaux tannées n'ont en France qu'un écoulement très-limité et ne sont généralement employées que pour les semelles de chaussons; en Allemagne, au contraire, elles sont très-recherchées pour la fabrication des tiges, avant-pieds et empeignes.

Cette fabrication, toute spéciale à l'Allemagne, y a pris une très-grande importance et un grand développement, importance justifiée par la supériorité des tiges, avant-pieds et empeignes coupés dans les culées de chevaux, qui pour leur beauté et leur souplesse peuvent rivaliser avec nos belles tiges et avant-pieds en veau de Milhau.

Autriche. L'Autriche et la Hongrie ont un article qui est une spécialité de leur pays : ce sont les vaches noires grainées et quadrillées, qu'ils fabriquent en très-grande quantité et avec supériorité. Ces peaux sont très-nourries et conviennent à la consommation locale; le grain en est très-remarquable; quant à moi, je n'ai rien vu de mieux.

La fabrication des veaux cirés et bruns n'est pas très-importante en Autriche; elle y est toute pour le pays, et je crois même que leur trop de nourriture n'en permet pas l'écoulement au dehors.

Je retrouve au premier rang des fabricants de ces deux articles MM. Scykora (Joseph) et fils, à Adlerkosselen, en Bohême, dont les vachettes quadrillées étaient d'un grain très-fin et d'un bon travail.

Beaucoup d'autres articles sont à remarquer dans cette exposition : tiges et avant-pieds en vache; cheval lisse et quadrillé; kips et vaches couleurs claires pour chaussures, parfaitement corroyés.

MM. Flesch et Cie, de Vienne, comptent parmi les plus estimés pour les veaux en huile brunis, trop nourris selon moi, mais d'une bonne vente dans le pays.

En Autriche, une spécialité très-importante encore, ce sont les kips de Calcutta tannés pour empeignes et corroyés, soit cirés lisses, ou noirs à grains, imprimés. C'est dans ce pays que j'ai vu cet article le mieux réussi.

L'exposition hongroise présentait aussi une grande quantité de vaches et veaux pour empeignes de même fabrication qu'en Autriche et bien appropriés aux besoins du pays. Les produits de MM. Ad. Schmitt et Cie, de Bossau; Jos. Marko, à Rosnau; la Société hongroise de Pesth; la fabrique de cuirs d'Agram, méritent d'être cités au premier rang.

MM. Ad. Schmitt et Cie, de Bossau, avaient exposé le modèle d'une machine pour le quadrillage des peaux pour empeignes, très-bien entendue et qui doit donner de bons résultats.

Russie. La Russie avait une très-belle et nombreuse exposition de veaux pour empeignes, de tiges et avant-pieds pour bottes.

MM. Bronsnitsyne (Nicolas), de Saint-Pétersbourg; Hubner (Nicolas), de Saint-Pétersbourg; Emilanoff (Alexandre), de Saint-Pétersbourg; Freilich (Stanislas), à Redon; Pfeiffer (Stanislas), à Varsovie; Fominsky (Basile), à Kounghour (gouvernement de Perm), sont à citer; ils avaient de très-beaux échantillons de veaux et tiges d'une très-grande finesse et d'une souplesse extraordinaire.

Cette dernière qualité a été d'autant plus remarquée que veaux et tiges étaient très-peu nourris, sans que la fleur en fût cassante. Je crois que la souplesse des veaux russes doit être attribuée à leur bonne nature, et au saule qui est le plus souvent employé pour son tannage. Des fabricants se servent aussi du tannage combiné, chêne et saule, et ils en obtiennent un bon résultat.

Un des articles d'exportation les plus importants de ce pays est le cuir dit de Russie; de grandes quantités en sont expédiées chaque année dans tous les pays.

Peu d'exposants de cette spécialité; mais la fabrique la plus importante, celle de M. Théodore Sawine, de Saint-Pétersbourg, en avait une très-riche collection de diverses sortes, rouges, lisses pour reliures et portefeuilles, noirs et de nuances diverses pour articles de voyage. L'ensemble de cette fabrication est parfait et ne laisse rien à désirer.

Danemark. MM. J. Ballin, de Copenhague, L. Seligmann, de Veil, avaient tous deux des veaux et des vaches pour empeignes, de bonne fabrication, mais très-nourris.

M. J. Engelbrecht, de Copenhague, avait des chevaux pour empeignes d'une bonne fabrication de tannerie et de corroierie.

Suède. M. J. G. Carlberg, de Wendriborg, avait des vaches corroyées et des débris de chevaux pour chaussures très-bien fabriqués. Quant aux autres articles, ils ne sont pas à mentionner.

Pays-Bas. M. S. Schagen, à Amsterdam, avait exposé un cheval corroyé pour chaussures, très-bien fabriqué.

Turquie. Je ne puis que citer encore la Tannerie impériale et celle de M. Périclès Vouros, dont les cuirs pour empeignes, les veaux surtout, dénotent aussi une certaine amélioration dans la fabrication.

Grèce. MM. C. Fiala, de Bukharest, Kepicch, frères à Dolzin (Roumanie), sont à citer.

CUIRS VERNIS LISSES ET À GRAINS.

Beaucoup de cuirs vernis de tous genres à Vienne. Les Allemands s'y distinguaient par l'importance de leur exposition de veaux vernis pour chaussures.

La France n'y était représentée que par cinq exposants qui ont dignement soutenu son ancienne réputation.

L'Amérique n'avait rien envoyé.

L'Angleterre n'avait que deux exposants, ce qui nous a beaucoup étonné.

M. John Dixon et fils, à Londres, ont exposé des croûtes vernies lisses très-belles.

L'importante maison de MM. J. S. Deed et fils, de Londres, avait une très-belle exposition de vaches vernies à grains et lisses, sciées, très-fortes et parfaitement tannées à l'écorce de chêne. Bonne fabrication de vernis.

La France, comme je viens de le dire, n'était représentée que par peu d'exposants.

Au premier rang, MM. Houette et Cie, de Paris, qui ont obtenu le diplôme d'honneur.

Je ne puis mieux exprimer l'opinion unanime de tous mes collègues sur le compte de ce fabricant qu'en reproduisant les termes mêmes du Rapport officiel :

« Houette et Cie ont exposé des peaux de veau vernies lisses pour souliers. La qualité est depuis longtemps déjà reconnue comme tellement supérieure, qu'on ne peut que confirmer ici qu'elle n'est surpassée par aucun autre exposant. »

M. René Pillais, à Paris (médaille de mérite), avait une nombreuse exposition de veaux vernis noirs et de couleur pour chaussures, de chèvres et de moutons de couleur pour le même emploi, ainsi que des vaches vernies à grains, bons produits, d'un bon tannage et réussis de vernis. Cette fabrique, bien que peu ancienne, figurait cependant à l'Exposition de 1867 à Paris; depuis, elle s'est beaucoup perfectionnée, et l'importance de sa production dans ses différents articles en est la meilleure preuve.

MM. E. Couillard et Vitet, de Pont-Audemer (médaille de progrès), dont j'ai eu déjà la satisfaction de faire l'éloge mérité, avaient exposé de très-beaux cuirs vernis pour sellerie et carrosserie. Leurs vaches vernies à grains pour capotes de voitures, et minces pour coussins, ainsi que leurs veaux pour garde-crotte, ont été très-appréciés par tous mes collègues, tant pour la perfection de leur tannage que pour la bonne qualité du vernis. Le rapport officiel l'affirme en termes très-élogieux.

MM. Th. Sucur et fils, de Paris (médaille de progrès), avaient une exposition remarquable sous tous les rapports et disposée avec un goût parfait.

Leurs vaches vernies à grains pour carrosserie et chaussures étaient d'une grande souplesse et d'un très-beau grain. Le Jury a surtout admiré la finesse et le glacé du vernis des pièces lisses, ainsi que la belle fabrication de leurs vaches et veaux de couleur.

M. Ch. Soyer, à Paris, membre du Jury (hors concours).

Belgique. Trois exposants de cuirs vernis.

M. E. B. Verboeckoven, à Bruxelles, membre du Jury (hors concours).

Le Jury n'en a pas moins examiné avec attention les marchandises exposées par M. Verboeckoven, et en a reconnu la bonne fabrication. Ses vaches vernies à grains ont été appréciées, ainsi que ses veaux de couleur et ses moutons vernis lisses et à grains.

MM. E. Schovaers, Collet et Cie, de Bruxelles, avaient aussi de beaux produits, bien qu'en général d'un tannage un peu ouvert. Leurs vaches vernies à grains pour carrosserie et chaussure étaient cependant d'un grain assez régulier. Les cuirs vernis lisses étaient creux et d'un vernis peu glacé : c'était l'article le moins bien de leur exposition. Un grand cheval verni à grain était très-beau et a été remarqué.

M. F. Delcoing-Lacroix, à Kœckelberg-lès-Bruxelles, fabrique spécialement les cuirs vernis pour visières et chapeaux. Ces deux articles sont bien soignés.

Allemagne. L'Allemagne, sans conteste, avait l'exposition la plus nombreuse en veaux vernis pour chaussures, et je reconnais que les produits qui nous ont été présentés par les bonnes fabriques de ce pays étaient d'une très-belle fabrication. J'ai constaté que des progrès y ont été réalisés depuis notre Exposition de 1867.

Les veaux, dont le tannage à la flotte était si mou, si blanc autrefois, ont plus de main et sont de meilleure couleur. Aujourd'hui, ils se rapprochent beaucoup de la fabrication française.

Les maisons les plus importantes et les plus remarquables pour la fabrication de cet article sont :

MM. Cornélius Heyl, à Worms; Doerr et Reinhart, à Worms; ces deux maisons ont obtenu le diplôme d'honneur; Michel Mayer et Deninger, à Mayence, membres du Jury et hors concours.

Les quantités de veaux fabriquées par ces maisons sont considérables.

Contrairement à la France, où chaque maison s'attache à une spécialité, les maisons d'Allemagne embrassent plusieurs genres de fabrication. Les grandes fabriques surtout font les veaux cirés et vernis, les maroquins, les vaches vernies à grains pour carrosserie et chaussure.

La Société par actions de Munich (Kester frères, directeurs) est à citer au premier rang pour la bonne fabrication de tous ses cuirs vernis et le beau grain de ses vachettes.

Autriche. Les fabriques de cuirs vernis sont peu nombreuses en Autriche. Trois exposants seulement :

MM. A. H. Suëss et fils, de Vienne, hors concours comme délégués de la Direction générale, ont exposé des veaux vernis pour chaussures, et surtout une importante collection de peaux de couleur, dont je m'occuperai à l'article maroquin.

M. F. Rickh, de Graz, membre du Jury, avait exposé des cuirs vernis pour sellerie et carrosserie, de bonne qualité et très-recherchés en Autriche.

Les marchandises exposées par MM. Lipp-Aulon et fils n'avaient rien de remarquable.

Les expositions des autres pays en cuirs vernis sont de si peu d'importance que je ne m'y arrêterai pas.

CUIRS TEINTS.

Cette section est très-importante; elle comprend toute la maroquinerie, les peaux de mouton de couleur, les chevreaux et agneaux noirs pour chaussures; elle est très-intéressante à examiner; car les Allemands, dont la production est considérable, se disent aujourd'hui en possession du commerce d'exportation de ces spécialités pour tous les pays civilisés.

J'ai même lu dans un de leurs rapports que la France, jadis au premier rang, était forcée de recourir à l'Allemagne, surtout pour les beaux veaux de couleur et les maroquins clairs; j'ai consulté nos principaux fabricants, et je dois dire que je les ai trouvés très-rassurés. A Vienne, du reste, il m'a été facile, ayant en main les produits de MM. Bayvet frères, Floquet et fils, Duchesne, Hapel et fils, et autres, de prouver que la France n'avait rien perdu de son ancienne réputation, tant pour la perfection de sa fabrication que pour l'éclat de ses couleurs.

Depuis, j'ai beaucoup étudié la question au point de vue de l'importance commerciale de notre pays, et j'ai été très-heureux de constater, aux documents officiels, que le chiffre de nos exportations pour ces articles était en progression constante.

Angleterre. Les fabricants anglais s'étaient presque complétement abstenus. Deux exposants seulement:

MM. John S. Deed et fils avaient une nombreuse collection de maroquins et moutons teints d'un beau travail et de belle nuance.

MM. W. Ecroyd et fils ont obtenu la médaille de progrès pour la supériorité de leurs peaux de bouc et de chèvre, dont les couleurs sont très-pures et très-vives.

Belgique. Les cuirs teints y sont admirablement fabriqués; je n'ai rien vu de mieux que les deux magnifiques collections de moutons de différentes couleurs, pour garnitures de chapeaux, de MM. F. A. Schmit et Cie et Quitmann et Cie, de Bruxelles.

Cette fabrication est une spécialité de ces deux grands établissements, dont les produits s'exportent dans le monde entier. Toutes les autres marchandises exposées par ces deux maisons étaient remarquables, et c'est avec justice qu'une médaille de progrès a été accordée à chacune d'elles.

Les chèvres maroquinées pour chaussures, de MM. Lebermuth et Cie, à Bruxelles, ont été aussi très-remarquées.

Italie. Quatre exposants: MM. Arnaudon, Luigé, S. Monzio, à Turin, qui est surtout à citer pour la bonne fabrication et le beau grain de ses chèvres et de ses moutons pour reliures; MM. Carlo Marsi et Cie, de Milan, avec des chèvres et chevrettes maroquinées pour chaussures bien réussies; ces derniers avaient exposé des chèvres cirées et à grains, les seules que nous ayons vues à l'Exposition.

Cet article, essayé en France, n'a pas réalisé les espérances que l'on en attendait; aussi est-il complétement abandonné aujourd'hui.

France. J'ai déjà dit au début que la fabrication des cuirs teints, chèvres et moutons, prenait chaque jour plus d'importance en France.

La création de nouvelles fabriques, l'agrandissement des anciennes, expliquent la grande consommation intérieure et le chiffre considérable de nos exportations.

C'est au commencement de ce siècle que MM. Fauler frères, prédécesseurs de MM. Bayvet frères, introduisirent cette industrie en France, et, la science aidant, elle y a fait depuis de très-grands progrès, car elle n'a jamais été dépassée par ses nombreux concurrents étrangers, qui, eux aussi, ne sont pas restés stationnaires, ainsi que j'aurai à le constater; mais la France conserve toujours une grande supériorité pour ses beaux maroquins, grain du Levant, ses moutons rouges fins, ses maroquins noirs lustrés, ses chevreaux glacés et dorés, etc. La préférence que tous ces articles obtiennent sur les marchés anglais et américains le prouve sans conteste.

Dans cette spécialité, nous avons eu le regret de constater l'absence de très-bons fabricants qui ont eu le plus grand tort de ne pas exposer.

MM. Bayvet frères avaient une très-belle exposition de maroquins et moutons de couleur de toutes sortes, et, en réserve pour le Jury, des douzaines de peaux semblables aux échantillons exposés dans leur vitrine, que l'un d'eux a pu présenter à son examen, dans les meilleures conditions de fraîcheur et de beauté. Aussi toute justice leur a-t-elle été rendue, et le Rapport officiel le constate en ces termes :

« Les produits exposés par MM. Bayvet frères témoignent d'une perfection dans la fabrication qui n'a été surpassée par aucun autre exposant. »

Le diplôme d'honneur accordé à ces messieurs, et qui a été voté à l'unanimité par mes collègues, a prouvé grandement que nous n'avions pas dégénéré dans cette fabrication.

L'exposition de MM. Floquet et fils (médaille de progrès) était d'un coup d'œil magnifique; les chèvres et moutons maroquinés de toutes nuances y ont été très-admirés; malheureusement, ces messieurs n'avaient rien envoyé pour être présenté au Jury, qui aurait voulu toucher pour mieux apprécier encore.

Je ferai les mêmes compliments et le même reproche à MM. Duchesne-Hapel et fils (médaille de progrès), dont l'exposition était très-belle, mais qui n'avaient non plus rien envoyé pour être présenté à l'examen du Jury. Ces deux bons fabricants n'en ont pas moins obtenu la médaille de progrès.

M. J. Allain, de Paris, avait exposé des chèvres corroyées pour chaussures. Les dispositions de sa vitrine et l'absence de son représentant n'ont pas permis au Jury de les examiner. Je l'ai beaucoup regretté, car, en France, cet article s'exporte en grande quantité.

Ces chèvres, tannées généralement à Marseille et corroyées à Lyon, Paris, Marseille, s'exportent en grandes quantités en Espagne, en Italie, aux États-Unis et dans beaucoup d'autres pays.

L'Amérique du Sud emploie de préférence l'article connu sous le nom de chèvres grain du Levant et chèvres chagrinées, qui, très-lustrées et sans nourriture, sont employées pour les chaussures de femme. Ce pays consomme aussi une grande quantité de chèvres grain naturel, article spécialement fabriqué pour ce pays, et connu en France sous le nom de chèvres grain de New-York ou chèvres Larue et Cambon, du nom du premier fabricant.

J'entre dans ces détails, parce que j'aurai à examiner ces mêmes produits en Allemagne et en Autriche surtout.

MM. Peigné et Chouipe, de Paris (diplôme de mérite), avaient une très-belle exposition de peaux spéciales pour reliures, qui ont été très-appréciées par le Jury.

Allemagne. L'Allemagne, ainsi que je l'ai déjà reconnu, n'est pas restée stationnaire, et comme en France, depuis notre Exposition de 1867, la fabrication des cuirs teints s'y est encore améliorée.

Cette industrie était très-honorablement représentée à Vienne; les maisons les plus considérables, ainsi que celles d'une moins grande importance, y avaient toutes exposé de très-riches et très-belles collections de peaux maroquinées en tous genres.

MM. Michel Mayer et Deninger, dont j'ai déjà eu à faire l'éloge, avaient surtout, et en première ligne, une très-belle exposition de maroquins et peaux maroquinées de toutes sortes. Je crois que cette fabrication est la spécialité la plus importante de leur grand établissement de Mayence, et je reconnais que c'est avec justice qu'en très-bons termes le Rapport officiel constate leur supériorité.

Je ne puis nommer tous les exposants; je citerai cependant MM. Haussmann frères, de Francfort-sur-Mein; Zingraf, à Bonanns, près Francfort-sur-Mein; Héring et Georger, à Strasbourg; Carl Simon et fils, à Kirn. Ce dernier a une grande importance commerciale et fabrique d'énormes quantités de chèvres des Indes et kips (vachettes de Calcutta).

Je n'ai pas été émerveillé de son travail, et je regarde toujours les produits de nos principaux fabricants français comme très-supérieurs.

Autriche. La fabrication des chèvres et moutons noirs pour chaussures s'est beaucoup améliorée et développée en Autriche, où des quantités considérables de chèvres des Indes y sont fabriquées chaque année.

Tous les membres du Jury ont, comme moi, constaté les progrès réalisés, depuis 1867 surtout, dans la préparation de ces articles spéciaux.

Les chèvres de M. Hermann Gerhardus se distinguaient par leur bonne corroierie et leur beau finissage, au milieu des nombreux produits exposés par les fabricants de Vienne et des environs, produits qui généralement ont été très-appréciés par le Jury.

J'ai pu visiter la fabrique de M. Hermann Gerhardus, et constater que son organisation est vraiment très-remarquable.

Toutes les façons s'y font avec un soin infini et dénotent une direction des plus intelligentes.

Les cuirs teints, chèvres et moutons surtout, sont deux articles d'une grande importance en Autriche.

M. A. H. Süss fils, à Vienne, dont j'ai déjà eu à mentionner l'importance commerciale, est à citer avant tout pour son exposition de peaux de chèvres et moutons de couleur, de nuances réussies, qui lui ont valu une mention toute particulière au Rapport officiel, mention à laquelle je me suis entièrement associé.

J'ai eu de même la satisfaction de visiter en détail l'établissement de M. Süss, où sont fabriquées sur une grande échelle les spécialités les plus diverses, telles que la maroquinerie, veaux cirés, etc., ainsi que des quantités considérables de cuirs forts pour semelles.

L'ensemble doit produire un chiffre très-important d'affaires.

La Société pour l'industrie des cuirs, à Prague, ancienne maison Goldschmidt, avait aussi une exposition très-remarquable de peaux de couleur maroquinées pour reliures, meubles et chapellerie; il a été constaté que cette importante fabrique avait fait de grands progrès dans cette industrie.

La Hongrie avait aussi une belle exposition de peaux teintes. MM. S.

Wersheimer et fils, de Baden-Pesth, J. Wolfner, de Pesth, Tanesos Emerich, de Pesth, sont à citer pour le bon tannage et la bonne teinture de leurs peaux de chèvres, de boucs et moutons du pays ou de Valachie et Servie.

La Russie avait quatre exposants de cuirs teints : Mme Anne Bakhrouschine, à Moscou, Liampe frères, à Varsovie, Freilich Stanislas, à Radom, P. Baranovski et Cie, à Saint-Pétersbourg.

Bons produits, mais rien de remarquable pour les couleurs.

Le Caucase, par le comité du Daghestan, nous a présenté des peaux du pays, chèvres et moutons, teints jaune et rouge pour chaussures.

Le tout un peu primitif comme couleur, mais de bonne qualité cependant.

L'Espagne n'avait envoyé que peu de chose. Elle avait deux exposants seulement.

Le Brésil présentait une nombreuse collection de peaux de couleur, le tout prouvant que la fabrication de ce pays est en voie de progression et d'amélioration.

La Turquie était représentée par un trop grand nombre de ses fabricants, car quantité de produits laissaient beaucoup à désirer.

Le Jury a cependant constaté les progrès faits par les principaux fabricants dans le tannage et la teinture des moutons et chèvres du pays.

Je citerai encore en première ligne : la Fabrique impériale, MM. Périclès Vouros et Emmanuel Manfilios. Tous avaient un bel assortiment de chèvres et moutons maroquinés.

La matière première, chèvres et moutons, est très-abondante en Turquie; il s'en exporte de grandes quantités toutes tannées.

CUIRS ALUNÉS (DITS CUIRS DE HONGRIE).

Très-peu d'exposants de cette spécialité.

Portugal. MM. Lamas José et Cie, de Lisbonne, avaient des échantillons de cuirs pour courroies de machines parfaitement hongroyés et bien convenables pour leur destination.

France. MM. Couillard et Vitet (médaille de progrès) avaient exposé quelques cuirs très-remarquables.

La fabrication des cuirs de Hongrie est une des spécialités de cette importante maison; personne ne les fabrique mieux.

L'Allemagne avait aussi quelques bons cuirs hongroyés pour courroies de machines, mais sans importance.

En Autriche, MM. Johann Freyer, à Meidling, près Vienne, avaient des cuirs hongroyés pour courroies de machines de très-bonne qualité.

Rien dans les autres pays qui soit digne d'être mentionné.

PEAUX ALUNÉES POUR CHAUSSURES (DITS VEAUX MÉGIS) ET CHEVREAUX ET AGNEAUX MÉGISSÉS POUR CHAUSSURES.

La fabrication des peaux mégissées pour chaussures s'est beaucoup développée; elle a pris une véritable importance depuis notre dernière Exposition de 1867.

En Allemagne, des fabriques spéciales se sont créées, et presque tous les grands établissements de Munich, Worms, Mayence, Dresde, etc., ont ajouté cet article à ceux qu'ils traitaient déjà.

La France a pris sa part du développement général de ces articles; la production du veau mégis y est plus importante qu'autrefois, et cependant il est moins demandé pour l'exportation que les veaux allemands, qui, sans perdre de leur souplesse, sont plus épais, plus lourds, qualités recherchées par certains pays, l'Angleterre et l'Amérique du Nord surtout.

Si les veaux français laissent à désirer comme tannage et souplesse, je crois que leur teinture est supérieure : elle ne tourne pas au violet comme cela arrive souvent aux produits allemands.

La France, jugée un peu sévèrement pour les veaux mégis, a été plus heureuse pour sa belle fabrication de chevreaux mats, lustrés et bronzés pour chaussures; le Rapport officiel, après de grands éloges, termine en constatant que, dans cette spécialité, la France n'a été surpassée par aucun autre pays.

Je suis heureux de constater que ce sont les produits de MM. Roblin et Dumesnil (médaille de mérite), de M. Basset (médaille de mérite) et de M. H. Dufort (médaille de mérite), qui ont motivé la bonne opinion du Jury si bien exprimée au Rapport officiel.

L'Allemagne revendique le premier rang dans cette fabrication; l'excellente nature de ses veaux et leur bonne préparation assurent de grands débouchés d'exportation aux fabricants de ce pays.

Je citerai au premier rang MM. Bronberger et Seiller, dont les veaux mégis étaient certainement les mieux de tous ceux exposés. Leurs moutons mats étaient aussi très-réussis.

Les mêmes articles exposés par M. Aug. Rücker, de Munich, étaient d'une grande supériorité, leurs moutons mats surtout.

Beaucoup d'autres exposants à citer encore: de Worms, MM. Cornélius Heyl, Doerr et Reinhart, la Société la Wormantia, etc.; MM. Michel Mayer et Deninger, de Mayence.

Les procédés de fabrication de toutes ces maisons se rapprochent beaucoup de ceux employés à Munich.

Il n'en est pas de même de l'ancienne maison Robert Berling, aujourd'hui Société des cuirs de Dresde, dont les produits, plus fermes et très-brillants, sont, dit-on, spécialement préparés pour l'Angleterre.

Je partage l'opinion de beaucoup de mes collègues qui préfèrent la fabrication des bonnes maisons de Munich.

CUIRS ALUNÉS POUR GANTERIE.

La fabrication des peaux pour la ganterie est une des branches importantes de l'industrie des cuirs; elle prend chaque jour un plus grand développement pour satisfaire aux exigences du luxe, qui grandissent d'année en année dans tous les pays.

En France, les chevreaux pour gants y sont mégissés avec tant de soin et une si grande supériorité, qu'ils tiennent le premier rang au milieu des produits étrangers. Ils sont pour notre pays d'une exportation très-importante, non-seulement en peaux mégissées, mais surtout en gants fabriqués, articles français recherchés dans le monde entier.

La France n'avait à Vienne que très-peu d'exposants; plus que personne j'ai regretté l'absence des bons fabricants de cette spécialité.

MM. Tréfousse et Cie, à Chaumont (Haute-Marne), ont obtenu une médaille de progrès pour *la perfection de leurs chevreaux mégissés:* c'est en ces termes que cette récompense est indiquée au Rapport officiel.

J'attache d'autant plus d'importance à cette appréciation qu'elle est surtout celle d'un spécialiste très-compétent, mon collègue M. Ernest Mercier, de Lausanne (Suisse), chargé pendant longtemps de la direction de la mégisserie de la grande fabrique de gants de M. Alexandre, de Paris.

Les peaux d'agneaux pour ganterie exposées par Mme veuve Buscarle et Mâlo, de Paris (médaille de mérite), ont été très-appréciées.

L'Allemagne avait une nombreuse exposition de chevreaux et surtout d'agneaux pour ganterie. Comme mes collègues, j'ai constaté que des progrès avaient été réalisés dans la fabrication de ces deux articles.

Les chevreaux exposés par M. Geisthövel, de Hamm-sur-Lippe (Westphalie), étaient parfaitement mégissés, d'une grande souplesse, et la fleur et les flancs bien conservés.

La teinture en général était moins réussie, mais, en somme, bons produits, dignes de toute attention.

J'en dirai autant de l'exposition de l'importante fabrique J. Roeck, de Munich, dont les agneaux surtout étaient très-bien fabriqués, souples et d'une grande élasticité.

M. A. Ummenhofer, de Villingen (Bade), avait exposé des cuirs alunés d'un très-bon travail, parfaitement appropriés à la fabrication de l'horlogerie de la Forêt-Noire, dits cuirs pour soufflets de coucous et boîtes à musique.

Italie. Un seul exposant : MM. Morpurgo et Cie, d'Udine. Leurs chevreaux laissaient à désirer, mais les agneaux pour ganterie étaient bien mégissés.

Autriche. En Autriche, la fabrication des peaux d'agneaux mégissées et chamoisées est d'une grande importance; elle s'est améliorée et par suite beaucoup augmentée depuis 1867. Autrefois l'Autriche ne fabriquait ces articles que pour sa consommation intérieure ; elle en exporte maintenant de grandes quantités.

Je ne puis signaler les nombreuses expositions que nous avons examinées, mais je dois dire que tous fabriquent cet article avec une grande supériorité.

Le chevreau, en Autriche, est d'une fabrication beaucoup moins importante et moins réussie qu'en France. C'est avec justice que le Rapport officiel dit que cet article, en Autriche, ne peut se comparer au chevreau français, si perfectionné dans tout son travail.

Russie. M. Sorokine Tikhon, de Moscou, avait exposé des peaux de poulain pour ganterie parfaitement mégissées, d'une grande souplesse et d'une finesse de fleur remarquable. Les couleurs mêmes étaient bien réussies.

Tous nous avons admiré cet article peu connu dans les autres pays, et le seul que nous ayons eu à examiner à Vienne.

Notre collègue, M. Ernest Mercier, très-connaisseur dans cette fabrication, nous a assuré que les gants fabriqués avec ces peaux de poulain devaient être de parfaite qualité et très-durables.

L'Espagne, la Grèce et quelques autres pays n'avaient rien exposé qui ait attiré l'attention.

PEAUX CHAMOISÉES.

Les produits exposés étaient peu nombreux.

Belgique. MM. Quitmann et Cie, de Bruxelles, avaient joint à leur riche collection de chèvres et moutons de couleur des peaux chamoisées pour ganterie de bonne qualité, manquant peut-être un peu de souplesse.

Italie. M. Morbin Domenio, à Vicence : peaux de mouton et d'agneau chamoisées pour ganterie, d'une très-bonne fabrication.

La France tient toujours le premier rang pour le beau travail de ses peaux chamoisées; malheureusement, je n'ai pu faire admirer que les produits d'un seul exposant, Mme veuve Chapot et fils, de Chambéry, qui ont obtenu une médaille de progrès pour leurs belles peaux pour ganterie et sellerie.

Allemagne. M. H. Bierling, de Gera, avait exposé des peaux de cer de renne, de chevreuil, etc., pour culottiers, le tout parfaitement chamoisé.

Deux autres fabricants nous ont présenté un article spécial exposé par eux seuls : ce sont des peaux tannées dans la graisse pour marteaux de piano.

Cet article est bien fabriqué et d'une certaine importance, au dire de mes collègues d'Allemagne.

Autriche. Pour ces articles, l'Autriche avait l'exposition la plus importante, surtout en moutons et agneaux chamoisés pour gants. Cette fabrication est très-bien faite par les maisons de Vienne et de Prague.

Hongrie. M. Mehlsmid (Julien) nous a présenté une nombreuse collection de toutes espèces de peaux chamoisées, généralement de bonne fabrication, et quelques articles très-réussis.

Suède. M. J. G. Buhre exposait aussi des peaux de diverses origines, peaux d'élan, de renne, etc., qui dénotaient un bon fabricant.

Japon. Des fabricants d'Yeddo et de Wackayenna avaient exposé des peaux de divers animaux, cerfs et autres, chamoisées et teintes, avec dessins imprimés, des couleurs les plus variées.

Ces peaux, destinées aux vêtements du pays, étaient d'une fabrication très-remarquable; malheureusement, le Jury n'a pu obtenir de renseignements sur la fabrication de cet article et sur son importance.

CUIR FACTICE.

Jusqu'en 1852, les déchets ou bourriers provenant du drayage des cuirs tannés étaient sans valeur. A cette époque, M. Roullier, de Paris, a, le premier, trouvé le moyen de les utiliser pour la fabrication des chaussures.

Ces déchets, mélangés de colle de pâte et pressés fortement pour leur donner de la cohésion, forment de grandes feuilles que l'on est convenu d'appeler cuir factice, et qu'il serait plus juste de nommer cuir aggloméré.

L'emploi de ces feuilles est très-répandu et d'une grande importance; elles sont utilisées surtout pour premières semelles de chaussures vendues à bon marché; elles remplacent avantageusement, sous tous les rapports, les cartons de mauvaise qualité que l'on introduisait autrefois dans ces mêmes chaussures.

Jusque dans ces dernières années, la maison Roullier et Cie s'occupait à peu près seule de cette fabrication et exportait ses produits dans tous les pays. Mais, depuis 1870, la maison Cornélius Heyl, de Worms, a joint cette spécialité à son importante fabrication de veaux de toutes sortes; malgré les conditions désavantageuses du prix de la main-d'œuvre, le produit français soutient sa réputation de supériorité et se vend encore dans tous les pays d'Europe, en Allemagne même, luttant de qualité et de bon marché.

Les articles exposés par M. Cornélius Heyl ne ressemblaient en rien aux produits de la maison Roullier : c'était plutôt des morceaux de feutre factice que des feuilles fermes et très-convenables pour premières semelles.

La fabrique de cuirs de Copenhague (Danemark) avait exposé des semelles et courroies de machines faites avec un mélange de déchets pulvérisés et imbibés de caoutchouc. Ces morceaux, fortement pressés, reçoivent ensuite un enduit leur donnant la couleur du cuir. Ces articles sont sans élasticité. Sans renseignements, le Jury n'a pu porter de jugement sur ce procédé.

PELLETERIES ET FOURRURES.

La France ne comptait à Vienne que trois exposants, sur les soixante-dix-sept expositions de pelleteries et fourrures des différentes parties du monde. Mais, grâce à l'importance de l'un d'eux, nous avons pu y soutenir dignement notre bonne réputation. Le diplôme d'honneur obtenu par M. A. Servant a prouvé que la France n'a rien perdu de sa prépondérance dans cette spécialité, et a affirmé une fois de plus le bon goût de ses préparations.

A Vienne et à Paris, je me suis renseigné près d'hommes spéciaux, et, entouré de documents sur le commerce général de ces importants articles, j'ai pu formuler et résumer mon opinion sur l'ensemble des expositions de pelleteries et fourrures des différents pays.

Les produits de l'élevage, de la chasse et de la pêche forment la source d'un commerce international vaste, étendu, montant à des chiffres énormes, d'autant plus que chaque pays n'emploie pas son produit, et généralement l'exporte contre un autre qu'il fait venir des pays éloignés.

Le commerce de la pelleterie (fourrures) est resté stationnaire en France pendant des siècles; il s'agissait de satisfaire le besoin et le luxe; les négociants s'approvisionnaient au plus près chez les peuples leurs voisins.

La France, par son bon goût, a su, mieux que tout autre pays, utiliser ses propres produits, et les si bien utiliser qu'elle en exporte de grandes quantités dans le monde entier.

Beaucoup de ces articles, souvent d'origine commune, y sont si bien travaillés, préparés ou transformés par les apprêts, les teintures et les lustres, qu'ils s'exportent dans tous les pays et s'y vendent à côté de produits similaires récoltés dans ces mêmes pays : ainsi les lapins.

Le commerce des plumes en France, où il a pris plus d'extension qu'en tout autre pays du monde, est devenu très-intéressant depuis quelques années, l'emploi de l'article étant général.

A peu d'exceptions près, toute la plume des pays civilisés vient se faire travailler en France, pour de là devenir un article important d'exportation, d'autant plus important qu'il donne souvent dix à quinze fois sa valeur primitive en main-d'œuvre et bénéfice.

Après les Expositions de 1862 et 1867 à Londres et à Paris, où ce commerce des pelleteries et fourrures (matières premières animales) est venu faire voir à tous son importance, son développement, ses travaux d'apprêts, de teintures, de transformations de toutes sortes, l'appel d'une Exposition internationale à Vienne, résumant la réunion de tous les peuples de l'Orient, qui plus que nos pays de l'Occident utilisent la fourrure, annonçait un grand concours.

En effet, il y avait à Vienne de nombreux exposants, et on peut dire que tous les pays du monde y étaient représentés.

En suivant l'organisation de Vienne et me portant de l'Orient à l'Occident, je trouve à cette Exposition internationale vingt-neuf pays qui y ont apporté leur concours par l'entremise de soixante-dix-sept exposants de différentes villes des cinq parties du monde.

Le tableau ci-dessous en donne les détails :

NUMÉROS.	NATIONALITÉS.	NOMBRE D'EXPOSANTS.
1	Japon	1 exposition collective.
2	Chine	1 *idem.*
3	Tartarie libre	1 *idem.*
4	Russie d'Asie	1 *idem.*
5	Russie d'Europe	10 exposants.
6	Turquie	1 *idem.*
7	Roumélie	1 exposition collective.
8	Autriche	10 exposants.
9	Hongrie	1 *idem.*
10	Tyrol	1 *idem.*
11	Bohême	12 *idem.*
12	Allemagne	10 *idem.*
13	Bavière	1 *idem.*
14	Suède	1 *idem.*
15	Norwége	2 *idem.*
16	Danemark	5 *idem.*
17	Belgique	1 *idem.*
18	Italie	1 *idem.*
19	France	3 *idem.*
20	Angleterre	2 *idem.*
21	Afrique. Gabon	1 exposition collective française.
22	Afrique. Cap	1 exposition collective anglaise.
23	Amérique du Nord	2 exposants.
24	Saint-Pierre et Miquelon	1 exposant français.
25	San-Salvador	1 exposition collective.
26	Amérique du Sud	2 exposants.
27	Guyane	1 exposition collective française.
28	Nouvelle-Hollande	1 *idem.*
29	Nouvelle-Zélande	1 *idem.*
	TOTAL	77

Les quatre Expositions universelles des vingt-deux dernières années n'ont jamais présenté pareil concours dans le commerce des pelleteries et fourrures.

Dans ces dernières années, la mode est venue largement augmenter la consommation de la fourrure, qui de tout temps a servi à l'habillement de l'homme. La France y prend la plus grande part; quantité d'articles, fourrures, plumes, etc., y viennent à l'état brut, se travaillent, se transforment artistiquement par les adroites ouvrières de tous les quartiers commerçants de Paris et sont réexportés dans tous les pays.

Elle a affirmé une fois de plus à Vienne qu'elle tire ses matières premières directement de toutes les parties du monde, ce qu'elle avait déjà si largement prouvé à l'Exposition de 1867, à Paris; mais que de connaissances et de difficultés pour arriver à juger et apprécier les peaux des animaux terrestres et de la mer, qui, elle aussi, donne de riches produits : vaches marines, veaux marins, loups de mer (des îles Lobos, de Saint-Paul, d'Amsterdam, des possessions arctiques russes), avec lesquels on fabrique ces belles peaux tant à la mode en ce moment.

Toutes ces difficultés confirment ce que mes recherches et mes renseignements m'avaient fait entrevoir au début de ce travail, que le commerce de la pelleterie est un desplus difficiles, et que l'on ne peut y être connaisseur et bon administrateur qu'après beaucoup d'études et une grande pratique.

EXPOSANTS.

Japon. Exposition collective des principaux animaux : loutres de mer, ours noirs et gris, martres jaunes, antilopes, etc.

Il est heureux de voir l'extrême Orient se joindre à nos Expositions.

Chine. Deux expositions collectives, dont celle de Hong-Kong : dépouilles brutes d'animaux, le tigre royal à long poil de Mongolie, le tigre de Formose, tous deux très-rares, etc.

Les Chinois ont poussé très-loin l'art de préparer, teindre, travailler les fourrures, vrai travail de patience qui prouve le bon marché de la main-d'œuvre.

Tartarie libre. Taschkent (mer d'Aral), exposition collective : panthère de l'Himalaya, beau sujet, etc.

C'est la première fois que le centre de l'Asie se produit au milieu de nous.

Russie. Onze exposants, dont un de l'Asie : généralement de belles fourrures chèvres; le pays les emploie de préférence; de jolies fourrures et manteaux pour hommes, très-riches. On remarque tout de suite que le pays est d'une grande richesse en ce produit. Les Russes apprêtent très-bien; les fourrures pour dames, quoique belles et utiles pour le pays, ne seraient pas du goût de nos Françaises.

Je citerai entre autres exposants :

MM. Odnoouschevsky et MM. Pétroff et Medvédieff, de Saint-Pétersbourg, qui tous deux ont présenté des manteaux remarquables en chèvre blanche de Chine.

Un exposant de Nigjny-Nowogorod présente des objets en duvet d'oie et de cygne, travail admirable et intéressant.

Les Samoyèdes de la mer Blanche, territoire d'Arkangel, ont envoyé un eider, un ours blanc, un renne, un aigle, un hibou blanc, une chouette blanche; tous animaux qui vivent dans les neiges.

Turquie. Constantinople et la Roumélie : quelques objets intéressants comme travail.

Autriche. Vienne a présenté une des belles expositions en fourrures confectionnées; chacun a pu en admirer la beauté, la richesse, le soin du travail et le goût. Certainement la première comme fabrication de fourrures, surtout pour dames.

Entre autres expositions, MM. Aug. Schwartz, J. Gröger et J. P. Hirch et Eidam tenaient la tête des dix exposants.

La Hongrie, le Tyrol et la Bohême étaient représentés par quatorze exposants.

M. Léopold Heidelberg, de Pesth : exposition bien comprise, belle, soignée; toute la sauvagerie de son pays.

M. J. Tausig, de Burgsteim (Bohême), a présenté un coq de bruyère et un drap des Balkans (Turquie d'Europe), oiseaux-gibier, exemplaires très-curieux, que tous les visiteurs ont dû remarquer.

M. F. Rziwnatz et fils, de Prague : une petite exposition de tapis, pelisses en marmotte galonnées.

Il n'est pas possible de voir quelque chose de plus joli et de mieux fait; ouvrier exceptionnel.

Allemagne. Dix exposants de dix villes différentes manufacturent la fourrure en gros, s'attachant plus au bon marché qu'au goût. Exposition en vue des ventes journalières.

L'Allemagne emploie surtout des articles bon marché : ainsi elle est largement tributaire de nos fabriques de lapins lustrés.

M. Witzleben, de Leipzig : un grand et bel assortiment, vêtements pour hommes et femmes, tapis.

Son exposition, disposée pour la vente, a bien réussi; il a beaucoup écoulé.

MM. Cubaens, Nitsche, de Francfort-sur-Mein : expositions riches, soignées, beaux articles pour dames.

Bavière. M. G. Meizbach, seul exposant : articles de confection très-remarquables; très-belle exposition.

Suède et Norwége. Trois exposants.

La Suède, M. Forssell, de Stockholm : exposition d'articles bon marché pour la vente, qui a réussi.

La Norwége a exposé les produits bruts de tous ses animaux sauvages.

Danemark. Cinq exposants. La Compagnie danoise : veaux, vaches toutes sortes; renards blancs, bleus; ours blanc, édredon; produits de la chasse et pêche du Groënland, de l'Islande et des mers polaires.

Les autres exposants laissent à désirer sur leurs expositions de 1867.

Belgique. MM. Zurée et Cie, à Gand, fabricants de lapins teints, diverses nua ces et couleurs : quelques articles de fourrure de choix, nouvelle maison.

Italie. M. Bernard, à Turin : articles teints en couleurs claires.

France. Trois exposants. M. A. Servant, fabricant d'articles de pelleterie pour fourreurs, et négociant en pelleteries, a toujours dignement représenté l'industrie française. Nous l'avons vu figurer honorablement à toutes les Expositions : ainsi, en 1855, à l'Exposition de Paris, il était membre du Jury; en 1862, *prize medal* à Londres, et par suite de cette haute récompense il était nommé chevalier de la Légion d'honneur; en 1867, à Paris, il avait de nouveau l'honneur de faire partie du Jury, et de plus d'être secrétaire de la classe 42.

Déjà à l'Exposition de Londres, en 1862, de l'aveu des membres du Jury international, M. A. Servant avait la plus remarquable exposition. (*Rapport du Jury international,* t. V, classe 25.)

On peut certainement en dire autant de son exposition de Vienne, qui contenait 650 types de peaux utilisées jusqu'à ce jour par les fourreurs de tous les pays des cinq parties du monde.

Son commerce alimente régulièrement vingt-trois industries, par des matières généralement brutes, salées, sèches, apprêtées ou teintes, matières qui s'importent des pays de production et sont vendues à des fabricants de Paris qui produisent ce que l'on appelle les articles de Paris.

L'industrie parisienne, qui défie toute concurrence par son bon goût, exporte ces articles confectionnés dans le monde entier.

L'exposition de M. A. Servant présentait 144 types divers de lapins, qui, préparés selon les besoins ou le goût de chaque pays, s'exportent dans toutes les parties du monde, les rendant ainsi tributaires de la France.

La mode de la plume, à Paris, y a amené un grand commerce dans ces dernières années. A Vienne, M. A. Servant nous en a présenté une très-belle collection, et je vois, dans une note que cet exposant a remise aux membres du Jury, qu'il est forcé de rechercher directement cet article en Europe (Russie, Levant, pôle Nord), en Afrique, en Amérique Sud, en Asie, même en Chine, ce qui ne lui est possible que grâce à ses maisons à l'étranger et à ses nombreux agents.

Le diplôme d'honneur, que je suis si fier d'avoir obtenu pour M. A. Servant, a été la reconnaissance de l'importance commerciale de tous ses établissements, et l'affirmation que le commerce français des fourrures est en tête de celui du monde entier.

Les deux autres exposants à signaler sont :

M. Billette, spécialité de tapis de fourrures en queues de renard;
M. Gust. Rinède, de Bayonne, apprêteur de peaux.

Angleterre. Deux exposants. Tous deux, tapis de moutons teints et chèvres.

L'Angleterre et ses colonies du Canada et autres ont complétement manqué à l'Exposition de Vienne, et c'est à regretter, car l'Anglais, si grand colonisateur, aurait pu y apporter sa large part.

Afrique. Le Gabon : exposition collective française; Cap de Bonne-Espérance : exposition collective anglaise. Plumes d'autruche sauvage et domestique, cornes de bœuf, de rhinocéros, dents d'éléphant; exposition très-intéressante, plutôt collection.

Amérique du Nord. Deux exposants. Quelques jolis objets en vison, très-beaux produits et bien faits : en somme, l'Amérique fait défaut à l'Exposition.

Saint-Pierre et Miquelon. Exposition intéressante, produits et peaux du pays. Collection plutôt que produits naturels expédiés par divers.

Amérique centrale. San-Salvador. Collection peu importante.

Amérique du Sud. Trois exposants. Mlle E. Natte, de Rio-Janeiro, fleuriste : oiseaux de couleur, plumes, fleurs avec plumes; joli travail, mais trop disposé pour la vente.

Guyane française. Belle collection d'oiseaux.

Nouvelle-Hollande. Victoria et Queensland. Exposition collective : autruche, l'oiseau lyre, opossum, kanguroo, mouflette tigrée, noire et blanche.

La Nouvelle-Hollande, en 1867, à Paris, avait déjà présenté de beaux spécimens de ces produits, un bon commencement qui va certainement augmenter les relations et amener de grosses affaires avec ce pays.

Nouvelle-Zélande. Exposition d'oiseaux, espèces rares. Ce pays fait son apparition; espérons le revoir plus largement représenté à la nouvelle Exposition.

En résumé, la France, joignant la science et l'art à l'industrie, a, dès 1873, à Vienne, après ses désastres, prouvé sa vitalité et sa persévérance dans le travail par l'amélioration de presque tous ses produits.

CAOUTCHOUC ET GUTTA-PERCHA.

La France, pour cette importante industrie, ne comptait qu'un bien petit nombre de représentants. (Trois exposants seulement.)

Nous avons remarqué avec regret l'absence de nos fabricants de premier ordre, notamment celle de MM. Rathier et Cie, qui contribuèrent si puissamment au développement de cette industrie, et qui, de 1834 à ce jour, ont obtenu les premières récompenses à tous nos grands concours industriels.

Peu de branches d'industrie se sont développées avec autant de rapidité et de puissance ; le caoutchouc, qui, pendant les premières années de ce siècle, n'était encore considéré que comme un objet de curiosité, est devenu, dès 1830, d'une fabrication importante. Mais c'est surtout à partir de 1842, quand la gutta-percha fut introduite en France, que cette fabrication a pris un développement considérable.

Nous avons pu examiner à Vienne les produits les plus variés du caoutchouc et de la gutta-percha.

Les plus importants sont :

Pour la chaussure :

Des doublures adhérentes au cuir, articles d'une grande fabrication en Autriche et en Allemagne ; des souliers et des bottes en caoutchouc.

Pour les vêtements :

Des étoffes imperméables de toutes espèces.

Des tuyaux, des dalles, du fil, des anneaux et autres objets utiles à l'industrie.

De nombreux instruments de chirurgie, et une plus grande variété encore d'outils et d'ustensiles pour une infinité de métiers.

En caoutchouc durci, des peignes, des brosses, et enfin, pour les beaux arts, des ornements, des bustes, etc.

Amérique. Bien que l'industrie du caoutchouc y soit très-florissante, elle était, comme la France, peu représentée à Vienne.

Un seul exposant, la maison Boston-Dubler Shoe et Cie, nous a présenté quelques paires de souliers, une paire de bottes et un fil télégraphique recouvert d'une couche toute crevassée de gutta-percha, le tout de qualité bien ordinaire.

Aussi le Rapport officiel dit que, pour ses rares spécimens, le jury n'a pu constater aucun progrès dans cette fabrication.

Angleterre. L'Angleterre n'avait que quatre exposants :

MM. Villiam, Varne et Cie, à Londres. Belle et nombreuse exposition d'objets divers pour fournitures industrielles. Ce qui a été remarqué surtout, ce sont les articles variés en caoutchouc rouge vulcanisé, tous d'un travail très-soigné.

MM. Turner, Archibald et Cie, à Leicester;

MM. Simon, May et Cie, à Nottingham ;

M. S. B. Taft, de Londres.

Ces trois dernières maisons ont exposé des doublures de souliers tissées et collées, de bonne qualité.

France. MM. A. Hutchinson et Cie, dont l'usine de Langlée (Loiret) a conservé sa grande importance, ont prouvé, comme aux autres expositions, qu'ils sont toujours au premier rang pour leur fabrication de chaussures de tous genres, en caoutchouc.

Leur supériorité dans cette spécialité a été reconnue et constatée au Rapport officiel.

M. F. Casassa, à Paris, avait exposé des rouleaux enduits de caoutchouc, qui ont été très-examinés et appréciés par le jury.

La manufacture générale de caoutchouc (Compagnie du Phénix) a été jugée bien sévèrement; elle avait cependant une exposition très-importante d'objets en caoutchouc pour les sciences et l'industrie.

Russie. La Russie n'avait qu'un seul exposant, mais d'une importance si remarquable, qu'à l'unanimité le Jury a demandé le diplôme d'honneur pour la Compagnie Russe-Américaine de caoutchouc, à Saint-Pétersbourg.

Cette société, fondée en 1860, est arrivée aujourd'hui à une très-grande prospérité. Son chiffre d'affaires est considérable, plus de deux millions de roubles argent, et l'exportation de ses produits manufacturés y entre pour une très-forte somme.

L'usine de cette Compagnie est pourvue de tous les appareils employés dans cette industrie, de plusieurs machines à vapeur d'une grande force, et occupe un millier d'ouvriers, tant hommes que femmes.

Leur exposition présentait les spécimens les plus divers de cette grande industrie; matière et travail étaient également beaux.

La fabrication des chaussures en caoutchouc, destinées à recouvrir les chaussures ordinaires, est d'une grande importance en Russie; c'est une spécialité de la Compagnie Russe-Américaine, qui fabrique cet article avec une grande supériorité.

Allemagne. L'industrie du caoutchouc a pris plus d'extension en Allemagne; son exposition était nombreuse en tous genres, tant en caoutchouc durci et élastiques qu'en étoffes caoutchouquées pour doublures.

La première maison à citer est M. H. E. Mayer jeune, à Hambourg, dont la beauté et la variété des objets de parure exposés ont été très-appréciées, ainsi que ses travaux plastiques, bustes et groupes, qui sont admirablement réussis.

La fabrication des peignes en caoutchouc est une des spécialités de cette maison; elle en produit environ neuf cent mille douzaines par an, qui représentent une valeur de cinq cent mille marcs de Hambourg.

La fabrique de Manheim, dite fabrique américaine de caoutchouc, avait exposé des objets en caoutchouc durci, peignes, parures, etc., le tout à bon marché, mais de qualité secondaire.

La Compagnie nationale de caoutchouc souple, MM. A. Hutchinson et Cie, de Manheim, dont j'ai déjà signalé la supériorité pour leur importante fabrication de chaussures en tous genres, tant en France qu'en Allemagne, avait aussi une très-belle exposition de cette spécialité.

Les frères Lavenstein, de Berlin, une des plus importantes fabriques de l'Allemagne, pour les doublures collées et tissées, avaient une exposition admirable de ces divers articles.

MM. H. Rost et Cie, de Harburg, avaient une jolie exposition d'articles usuels en caoutchouc souple et gutta-percha, tous d'un beau travail et de bonne qualité.

MM. Schatteger, Sichere et Cie, de Sablon, près Metz, avaient exposé les mêmes articles que MM. Rost et Cie, qui ont été très-appréciés par le Jury.

Suisse. MM. Haspielman, à Schaffouse, et M. Guillaume Reiner, à Aarau.

Ces deux maisons avaient exposé des doublures tissées, de bonne qualité.

Autriche. L'Autriche n'est pas restée stationnaire dans l'industrie du caoutchouc et de la gutta-percha; sa fabrication de doublures pour chaussures a surtout, dans ces dernières années, pris beaucoup d'extension.

La bonne qualité de ses produits spéciaux et la modicité de leur prix assurent aux fabricants autrichiens l'importante consommation de leur pays, et leur procurent même de grands débouchés en Russie, Turquie, Grèce et Italie.

Les fabriques unies de Harburg-Wien (ci-devant Meunier et J. N. Reithoffer, à Harburg-sur-Elbe) sont des plus importantes; leur chiffre d'affaires s'élève, tant pour leur commerce intérieur qu'extérieur, à plus de 3 millions de florins; leur exposition était magnifique et fort admirée.

M. Moritz Reithoffer, l'un des administrateurs, membre de la direction générale de l'exposition, était juré au groupe VI, et, par ce fait, cette importante maison se trouvait hors concours.

MM. Schneck et Kohnberge, de Vienne.

Très-belle collection de doublures, de parfaite qualité et d'un bon marché extraordinaire, bon marché qui n'est dû qu'à la bonne organisation et aux machines fabriquées spécialement pour ces intelligents industriels.

Cette maison produit des quantités considérables, 880 mille aunes de doublures collées pour souliers, et 630 mille aunes de doublures tissées, lesquelles s'écoulent en grande partie dans les contrées voisines, au sud et à l'est.

MM. Joseph Reithoffer frères, à Vienne, avaient exposé les mêmes articles, de très-bonne qualité et d'un travail irréprochable.

Cette fabrique est aussi très-importante et occupe plus de trois cents ouvriers, dont deux cents appartiennent à l'établissement pénitencier de Karsten. Son chiffre d'affaires est de 500 mille florins, dont près de moitié pour l'exportation.

M. Louis Stéphan, à Vienne, avait exposé des objets usuels en caoutchouc souple et gutta-percha, d'un beau travail et d'un fini très-soigné. Des tubes en gutta-percha d'une longueur de 400 pieds sont à citer tout spécialement.

MM. Guillaume Pagel et Cie, de Vienne, avaient un bel assortiment de doublures en alpaga pour chaussures, d'un très-beau travail.

M. Édouard Alexander, à Vienne, avait aussi une belle exposition de doublures pour chaussures.

Hongrie. M. Édouard Meister, à Pesth. Très-belle exposition de doublures en caoutchouc, bien travaillées.

TOILES CIRÉES,

TOILES-CUIRS ET BÂCHES IMPERMÉABLES.

Italie. MM. L. Nicolini et Cie de Florence.

Très-belle exposition de toiles cirées pour tables et parquets, ainsi que des toiles-cuirs américaines.

Cette fabrication se distingue par une grande variété dans les dessins et un beau choix de couleurs, le tout à des prix très-modérés qui assurent à cette maison de grands débouchés pour l'exportation.

M. Casimir Sipriot, à Milan; assortiment de toiles de lin. Toutes ces toiles sont tissées par cette maison.

Brésil. MM. Lima Silva et Cie, de Rio-de-Janeiro, dont je me suis occupé déjà à la section des cuirs, avaient une grande collection de toiles cirées, qui n'avaient rien de remarquable.

Angleterre. Le Leather Cloth et Cie, de Londres, très-importante maison qui a maintenu à Vienne sa bonne et ancienne réputation.

Ses toiles-cuirs de toutes couleurs et apprêtées de diverses manières étaient aussi belles que solidement travaillées.

MM. W. D. Harry et Cie, Kamptuliken Floor Cloth Company, de Londres, avaient exposé des tapis de parquet fabriqués avec du liége râpé et mélangé de caoutchouc. Cet article est nouveau, on le croit destiné à prendre sa place dans la consommation.

Allemagne. M. J. H. Bencke, à Hanovre, avait une belle exposition de toiles de lin cirées pour tapis de table, et d'étoffes pour garniture de wagon, d'un très-bon travail et de belles nuances et dessins.

M. Alexandre Schulmann, à Leipzig, avait exposé les mêmes articles; ses futaines surtout étaient d'une bonne fabrication.

M. Jean Auguste, à Barmen : exposition d'étoffes pour visières de casquettes de bonne qualité.

M. François Clouth, à Cologne : vêtements imperméables, ainsi que couvertures et tentes.

M. L. Rainer, à Quedlinburg : spécialité d'étoffes de lin tissé, imperméables, pour sacs et tabliers.

Autriche-Hongrie. Les frères Groll, de Vienne : fabrique très-importante qui se distingue par la richesse et la variété de ses produits.

MM. Grab et fils, de Prague : toiles cirées pour parquets, toiles-cuirs, tapis de pied, le tout parfaitement travaillé. Les tapis surtout ont été très-remarqués pour leur finesse d'impression et leurs belles et vives couleurs.

M. A. Mildner, à Prague : tapis pour parquets, garnitures de wagons et couvertures naturelles, d'un bon travail et de bon goût.

M. A. Unterwaldner, à Prague : bâches à marchandises, de bonne qualité.

MM. Ignace Hirsch et fils, de Pesth : couvertures en toiles caoutchouquées pour les chemins de fer.

Des certificats de plusieurs administrations attestaient la bonne qualité de ses produits.

Suisse. MM. Fleckenstein et Schmid, de Wädensweil (lac de Zurich), bonne exposition de toiles goudronnées pour couvertures.

MATÉRIEL ET PROCÉDÉS

EMPLOYÉS DANS LA FABRICATION DES CUIRS.

Les exposants de la section D étaient bien peu nombreux, un autrichien et trois français.

Cette industrie est cependant très-importante aujourd'hui; elle a surtout pris en France un grand développement depuis une trentaine d'années.

Les difficultés de la main-d'œuvre, les salaires tendant à augmenter chaque jour, et le besoin de produire beaucoup pour répondre à l'extension générale des affaires, ont décidé les fabricants de cuirs à encourager plusieurs mécaniciens et fabricants d'outils, tels que MM. Delpech, J. Bérendorf et L. Bréval, pour les grosses machines, Serizier G. Lutz, et Poirier, pour la taillanderie et l'outillage manuel, à persévérer dans leurs recherches et améliorations.

Ces recherches ont été couronnées de succès, et aujourd'hui, ce qui serait une grande surprise pour nos devanciers dans l'industrie des cuirs, le plus grand nombre de nos usines marchent mécaniquement.

Le succès a été d'autant plus complet pour ces fabricants intelligents que presque toutes les machines montées et perfectionnées en France fonctionnent aujourd'hui dans les grandes fabriques de cuirs du monde entier.

Cette préférence est bien justifiée par la qualité de nos machines auxiliaires, le fini et la commodité de notre outillage manuel.

L'exposition de MM. H. Paneck et fils, de Vienne, était nombreuse, leur outillage bien complet.

Leur marteau à battre les cuirs forts est imité de celui de M. J. Bérendorf, à Paris; l'imitation n'est pas heureuse.

Les trois exposants français ont très-honorablement figuré à l'Exposition de Vienne; leurs produits ont été très-appréciés du Jury et des fabricants de cuirs étrangers.

M. J. Bérendorf, de Paris, est à citer le premier.

Sa vieille réputation justifie bien les quelques lignes que lui consacre le Rapport officiel:

« La qualité des machines fournies par cette maison est généralement reconnue bonne. »

Son exposition dans la galerie des machines était très-importante; l'attention se portait tout de suite sur son marteau à battre les cuirs forts, une des premières machines inventées pour la tannerie, et qui a apporté une si grande amélioration dans la fabrication de cette spécialité, qu'aujourd'hui ce marteau est utilisé aussi bien en France que dans presque toutes les fabriques étrangères.

Son moulin à noix, ses hachoirs grands et petits modèles, sa machine à rebrousser, son tonneau à fouler, etc., toutes ces machines étaient bien soignées, et attiraient l'attention des hommes spéciaux.

L'absence de M. Bréval, un de nos bons constructeurs de Paris, a été très-regrettable; sa machine à essorer la tannée, qui rend de si grands services à la tannerie et lui procure de belles économies, aurait été très-remarquée et très-appréciée.

M. Georges Lutz, de Paris, qui fabrique tout spécialement pour notre industrie les outils en acier, fer et bois, avait dans la salle des cuirs une exposition nombreuse et variée.

La bonne qualité des outils de ce fabricant est appréciée depuis longtemps en France; il en est de même à l'étranger, car ses produits s'exportent dans le monde entier.

MM. Poirier oncle et neveu, de Paris, avaient une très-bonne exposition des mêmes articles; les débouchés de cette maison sont aussi très-nombreux à l'étranger.

En somme, l'outillage manuel français appliqué à l'industrie des cuirs est certainement le plus pratique, le plus léger, le mieux compris; nos fabricants ont su, s'inspirant des besoins des ouvriers, acceptant même leurs observations, créer et perfectionner des outils faciles à manier et de peu de fatigue pour ceux qui sont chargés de les manœuvrer.

C. SOYER.

www.ingramcontent.com/pod-product-compliance
Ingram Content Group UK Ltd.
Pitfield, Milton Keynes, MK11 3LW, UK
UKHW022143170726
13837UKWH00004B/1742